편의점과 일본인

저출산 고령화 시대, 왜 **편의점**은 일본의 **문화**가 되었나?

편의점과 일본인

저출산 고령화 시대, 왜 편의점은 일본의 문화가 되었나?

가토 나오미 지음
이음연구소 옮김

어문학사

일러두기

ⓞ 본문의 모든 각주는 옮긴이의 것이다.

시작하기

편의점을 둘러싼 환경의 급변

편의점을 주제로 한 나의 강연경력은 어느 교육위원회의 의뢰로 시작되었다. 초등학교 교실 정도의 작은 방에 교사와 학부모들이 'ㄷ(디귿)' 자 모양으로 앉아 있었다. 왜 그런지는 모르겠지만 그 때에는 참석자들의 눈이 모두 삼각형처럼 보였다. 나는 화이트보드를 사용하여 편의점의 구조를 설명했고, 처음이라 긴장한 탓인지 식은 땀을 흘리면서 강의를 진행했다.

준비했던 내용이 어느 정도 소개되었고, 이후 질문 시간이 되자 아니나 다를까 여기저기에서 집중포화가 쏟아졌다. 「아이들을 망치는 편의점은 용납할 수 없다」는 것이 당시 모임의 취지였다. 날카로운 질문이 이어졌으며 모든 질문에 성실하게 답했지만 마치 저자가 편의점의 대변자라도 된 것 같은 기분이 들어 내심 불편했다.

그 이후로 수년의 시간이 지나 최근에는 아이들의 발달을 연구하는 모임에 초빙되어 편의점과 음식에 대해 강연할 기회가 있었다. 대학 부설 연구실의 예비공간과 비슷한 분위기의 지저분한 작은 방에서 하루 일과를 끝내고 모인 분들을 대상으로 프로젝터를 이용하여 강연을 진행했다. 그 당시는 편의점에 집중하여 논의가 이루어지지는 않았지만, '음식'을 둘러싼 다양한 방면에서의 의견 교환이 있었다.

그런 가운데 한 연구자가 무릎을 치면서 "편의점이 심오한 측면이 있네!"라고 감탄사를 외치기도 했다. 별생각 없이 이용하는 편의점도 자세히 들여다보면 "여러 가지로 재미있는 면이 있구나"라고 생각해 주시는 분이 생긴 것 같아 내심 기쁘기도 했다.

* * *

첫 강연에서 최근의 연구회까지 20여 년의 시간이 흘렀다. 그 사이에 편의점에 대한 세상의 평가는 크게 달라졌다. 그러나 실제로 변한 것은 편의점이 아니라 편의점을 둘러싼 환경과 사회가 변한 것이다. 편의점이 아이들의 식사 습관을 망가트린다든지 미혼 남녀를 혼자 살도록 조장한 것은 아니다. 또한, 편의점이 상점가 점주로부터 고객을 빼앗은 것은 더욱 아니다.

그러나, 혼자 사는 사람이 증가하고 기존 상점가가 쇠퇴하는 상황 속에서도 편의점 점포는 계속해서 증가하고 있는 현상은 실제로 목격되고 있다. 그런 가운데 사람들은 개별화되는 느낌을 갖게 되었고 동시에 누군가와 연결되고 싶다는 마음 또한 강해졌다. 동일본대지진은 그런 일본 사회를 습격했다. 재건되어야 하는 것은 피해지역뿐만이 아니라 일본 전체라고 생각한 사람도 적지 않을 것이다.

나는 편의점에 대한 취재를 진행하면서 편의점 네트워크가 "상당히 잘 구축되어 있다"고 생각하게 되었고 사회의 다방면에서 이를 좀 더 활용하면 좋지 않을까라고 생각했다. 여기서 말하는 편의점 네트워크란 넓은 지역에 수 많은 점포가 진출해있기 때문에 본사와 점포를 연결하는「정보 네트워크」, 상품을 효율적으로 예정된 시간에 운반하는「물류 네트워크」, 그리고 상품을 만들기 위해 원재료를 모아 가공 및 제조하는「상품개발 네트워크」를 의미한다. 이들 네트워크는 시스템적으로 연결되어 있으며 원재료의 조달까지 포함하면 글로벌 차원에서 기능하고 있다고 할 수 있다.

그렇다고 해도 네트워크는 각 체인이 개별적으로 구축해 온 것이기 때문에 사기업의 영역에서 벗어날 수 없다. 그것을 사회적 측면에서 활용한다는 생각이 의아하게 느껴지는 독자도 있을 것이다. 또한, 이에 대해 기업이라든가 공공이라든가 등의 기존 사회체제의 벽을 애기하는 사람들도 있다. 물론 그런 측면이 있기는 하지만 보다 근본적인 문제는 사람들 마음속에 있는 벽이라고 생각한다.

20여 년 전의 집중포화가 트라우마(trauma)로 작용하고 있는지도 모르겠다. 하지만 편의점 네트워크를 사용한다는 것은 호의적인 이미지가 없으면 거부당할 수 있다. 현재 이러한 생각이 사회적으로 받아들여질만한 환경이 조성되었는가 하면, 결국 사람 마음의 문제이기 때문에 한 마디로 단정하기가 쉽지 않다.

이러한 상황하에서 고맙게도 본서 발간을 통해 나의 생각을 전달할 수 있는 기회를 얻게 되어 매우 감사하게 생각한다.

* * *

나는 본서를 통해 편의점과 사회의 관계에 대해 언급하면서 평상시 생각했던 편의점의 네트워크 활용을 조심스럽게 제안하고자 한다. 사회를 다양한 측면에서 살펴보고 편의점이 여기에 어떻게 관여해 왔는지를 고찰하고자 한다. 편의점은 이미 「사회적 인프라」라고도 말해지고 있는 것처럼 사회 곳곳과 연관되어 있어 단면을 잘라 살펴보는 것도 어려울 뿐더러 또한 그것을 잘 정리하는 것도 간단하지 않다.

본서에서 다루는 주제는 다음의 5가지로 구성된다. 인구감소 사회(1장), 저출산고령화(2장), 인터넷사회(3장), 커뮤니티(4장) 그리고 동일본대지진(5장)이다. 편의점의 사회적 인프라적 성격을 전제로 선정한 주제이지만 사회는 끊임없이 변화하고 있으며 이에 쉽게 휘둘리고 있는 한 개인인 내가 정리하려는 것 자체가 처음부터 무리한 시도였다는 생각을 지우지 못한 채 집필작업을 진행했다.

본서에서 다루지 못한 주제 중에는 내용이 너무 길어질 것 같아 생략한 것도 있다. 아쉬움이 남는 부분이다. 예를 들어 편의점 판매가 증가하고 있는 의약품에 대한 내용이 대표적이다. 고령화사회에 있어 매우 중요한 주제이기 때문에 좀 더 면밀히 살펴본 후에 시간을 두고 검토해 볼 생각이다.

나는 본서에서 밝힌 어설픈 제안을 반드시 실천해 보려 한다. 아마 예상하지 못한 과제가 여기저기에서 불거질 것이다. 그것은 하나의 즐거움이면서 극복해야 할 또 다른 목표이기도 하다. 한 과제가 해결되는 과정에서 생각하지 못했던 새로운 과제가 나타나는 과정이 끝없이 이어지겠지만 이러한 노력이 새로운 풍경을 만들어 내는 원동력이 될 수 있다고 생각한다.

가토 나오미

목차
시작하기

1장 인구감소 사회와 편의점

2장 저출산고령화와 편의점

3장 인터넷사회와 편의점

4장 커뮤니티와 편의점

5장 동일본대지진과 편의점

제1장

인구감소 사회와 편의점

I. 늘어나는 편의점, 줄어드는 인구

출점도 많지만 퇴점도 많은 편의점

편의점 점포 수는 1970년대부터 줄곧 증가해 왔다. 지금도 여전히 증가 중에 있다. 이렇게 말하면,「최근 우리 집 근처에 있었던 편의점 여러 곳이 문을 닫았는데…」라고 의아하게 생각하는 독자도 있을 것이다. 이런 생각이 드는 이유는 간단히 말하면 편의점의 출점 수도 많지만 퇴점 수도 많기 때문이다.

각 체인들은 연초에 매년 결산월까지의 연간 출점 규모를 결정한다. 동시에 대략적인 퇴점 규모도 계획한다. 이러한 내용을 공표하지 않는 체인들도 있지만 상장되어 있는 체인들은 과거 자료를 통해 확인할 수 있다.

예를 들어, 로손(Lawson)은 2010년 1월부터 2011년 2월까지의 기간에「로손」의 간판을 내건 편의점 449개 점포를 출점했으며, 동 기간에 302개 점포를 퇴점시켰다. 양자의 차이인 147개 점포만큼이 순 증가 점포 수가 된다. 그렇다고 해도 로손은 2010년 한 해 동안 출점 규모의 약 70%에 해당하는 점포를 없앤 셈이 된다. 한편, 로손에는 「로손」 간판을 단 편의점 외에 「로손 스토어 100」이라는 간판을 내걸고 영업하는 점포도 있다. 점포 수는 여타 편의점에 비해 적지만 「로손」과 함께 전국 1만 점포를 상회하는 로손 체인을 구성하고 있다.

한편, 패밀리마트(Family Mart)는 같은 시기에 741개 점포를 출점하고 270개 점포를 퇴점시켰다. 즉, 1년간 471개 점포를 늘렸다. 같은 해 패밀리마트는 AM/PM 체인을 인수 합병하고 기존 AM/PM 점포의 간판을 「패밀리마트」로 교체했다. 이는 패밀리마트 입장에서 보면 신규 출점으로 이해될 수 있다. 결과적으로 순 출점 수는 증가한 것이다.

이와 같은 방법으로 순 증가 점포 수를 늘려가는 체인들이 있는 반면에 AM/PM과 같이 사라져가는 체인들도 있다. 또한 체인 전체로 보면 전년보다 점포 수가 감소하거나 출점 수가 퇴점 수를 밑도는 경우도 있다. 그러나 총 편의점 수는 매년 지속적으로 증가해 왔다.

편의점 점포의 퇴점 이유

그렇다면 왜 퇴점이 발생하는 것일까. 이유는 크게 2가지로 생각해 볼 수 있다. 편의점 산업은 「입지산업」의 성격이 강한 것으로 알려져 있다. 아마 2차 산업인 철강 및 석유화학이 제철소 및 콤비나트(Kombinat) 등 대형 장치를 필요로 하기 때문에 「장치산업」이라고 불리는 것처럼, 3차산업인 소매업은 사람이 모이는 장소(입지)에 점포를 위치시키기 때문에 입지산업이라는 명칭이 붙여졌다.

실제로 출점 여부을 검토할 때에는 아주 면밀한 입지조사를 실시한다. 어느 정도의 사람이 왕래하고 어느 정도의 사람이 이용할 것인가. 이에 따라 대체적인 매출 및 운영상 비용 등이 추정되고 이를 기반으로 출점 여부를 결정하게 된다.

이러한 작업을 통해 출점이 결정되어도 입지조건이라는 것은 시간과 함께 변화한다. 큰 도로가 생긴다든지 대형 집합주택이 건설되거나 경쟁점포가 생긴다든지 하는 변화만으로도 사람의 흐름은 크게 달라진다. 몇 해 전까지만 해도 교외에 대형 상업시설(쇼핑 몰 등)이 생겨 역 앞 상점가에 이전처럼 사람이 모이지 않게 된 현상이 사회문제로 대두되기도 했다. 모터리제이션(Motorization)을 배경으로 주차장이 있는 점포 이용이 증가한 것이 주요 원인이었다.

편의점 점포도 동일하다. 주차장이 없어 이용객이 줄어드는 경우가 드물지 않다. 이런 경우에는 주차장 공간을 확보할 수 있는 넓은 지역으로 편의점을 재배치하게 된다. 예를 들어 새롭게 우회도로가 생겨 예전 거리를 이용하는 사람의 왕래가 줄게 되어 구 도로에 접해 있던 점포가 우회도로에 접한 곳으로 재출점하게 된다. 이러한 광경을 본 적이 있는 독자도 있을 것으로 생각된다. 이와 같이 장소를 바꿔서 다시 출점하는 것을 편의점 업계에서는 「릴로케이트(Relocate)」라고 한다. 릴로케이트를 하게 되면 전체 점포 수는 변하지 않지만 퇴점 수와 출점 수에는 각각 포함된다. 즉, 릴로케이트가 발생하면 출점 수도 증가하지만 퇴점 수도 증가하게 된다.

즉, 퇴점이 발생하는 이유는 입지환경이 변화함에 따라 새로운 지역에 상응하는 형태로(주차장을 확보하는 등) 출점이 추진되기 때문이다.

"양보다 질"을 중시한 점포 확대

통상의 편의점은 매출이 감소하기 시작하는 시점에서 대책을 강구한다. 예를 들어, 점포가 노후화되면 리뉴얼을 하고, 고객층에 맞지 않은 물건 진열을 재검토하고, 부족한 상품이 많다면 상품 발주를 재검토하거나 점포 점원들이 하나가 되어 판촉 캠페인을 벌이기도 한다. 특정 계기를 만들어 매출 증대를 위한 전환을 계획하는 것은 어느 업계에서나 볼 수 있는 공통적인 것이라고 할 수 있다. 그러나 계기를 만드는 것은 어려우며 그 계기를 잘 살리는 것은 더욱 어려운 일이다.

앞서 언급한 릴로케이트도 하나의 계기이지만 대체할 수 있는 적합 지역이 반드시 찾아진다는 보장은 어디에도 없다. 채산성을 확보하지 못한 채로 질질 끌려가듯이 점포를 유지하는 것은 결코 합리적인 선택이 될 수 없다. 최악의 상황은 점포 소유주 및 점원들의 사기가 저하되는 것이며, 이는 체인 전체에 악영향을 미칠 수도 있다. 고객의 입장에서 보면 편의점을 방문했을 때 의욕이 없어 보이는 점주와 점원을 마주하게 되면 누구나 기분이 나빠진다. 단순히 기분이 나빠지는 것이 아니라 체인 전체의 이미지에도 악영향을 미친다. 매우 열심히 노력하는 편의점이 많이 있어도 고객은 본인이 방문한 1개 편의점을 체인 전체의 모습으로 간주한다. 이렇게 보면 체인 간판에는 매우 중요한 의미가 있다는 것을 알게 된다.

모든 체인들은 채산성을 확보하지 못한 편의점을 줄이는 데 신경을 쓰게 된다. 즉, 채산성이 확보되지 않은 점포를 줄이는 것이 퇴점의 또 다른 요인이다. 이전에는 점포 수를 빠른 속도로 늘리는 것을 우선시한 시대도 있었지만 현재는 "양 보다 질"이 중시되고 있다. 점포 수가 많아도 질이 낮은 점포가 많아지면 체인 전체의 이미지가 저하된다. 여기서 질이 낮은 점포란 채산성을 확보하지 못한 점포를 말하고, 반대로 질이 높은 점포란 고객이 많고 객단가가 높은 점포를 의미한다.

편의점 점포 수와 "포화설"

체인들마다 사정은 달라도 편의점 전체로 보면 점포 수는 매년 증가해 왔다. 일본 프랜차이즈 협회(JFA)는 1998년부터 전국 편의점 점포 수를 발표하고 있으며, 연간 편의점 점포 수가 전년도를 하회한 적은 한 번도 없었다. 2012년 중반 경 점포 수는 4만5천 점포를 상회하였다.(도표 1-1) *

점포 수 증가속도는 3만5천 점포를 넘은 2000년 이후 둔화되고 있다. 3만 점포에 달한 후 3만5천 점포에 달할 때까지 소요된 기간은 2년이었다. 그리고 4만 점포를 넘은 시기는 2006년 이었으니까 같은 5천 점포를 증가시키는 데에 3배인 6년이 걸린 것이다.

이 시기 즉 2000년대에 들어와서 편의점 각 체인들의 정책에 큰 변화가 생겼다. 앞서 언급한 "양 보다 질"을 중시하게 된 것이다. 결과

---

* 점포 수는 2012년 4월에 4.5만 점포, 2014년 4월 5.0만 점포를 돌파했으며, 가장 최근인 2018년 11월 시점에는 55,696개 점포가 운영중임.

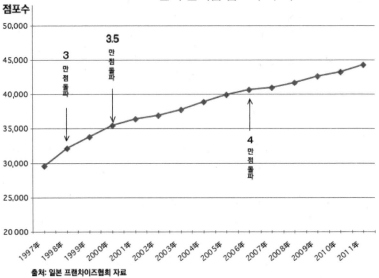

도표 1-1 전국 편의점 점포 수 추이

점포수

3 만 점 돌파

3.5 만 점 돌파

4 만 점 돌파

1997年 1998年 1999年 2000年 2001年 2002年 2003年 2004年 2005年 2006年 2007年 2008年 2009年 2010年 2011年

출처: 일본 프랜차이즈협회 자료

적으로 채산성을 확보하지 못한 점포를 줄이기 위해 퇴점 수를 늘린다든지 입지 선정을 엄격하게 하여 출점 수를 제한하는 등의 조치를 통해 점포 수 증가율은 둔화되었다.

그러나, 이것과는 별도로 편의점업계 내부에서는 "포화설"이라고 불리는 것이 유포되고 있었다. "포화설"에 담긴 내용은 시기마다 다르지만, "양치기 소년" 이야기와 유사한 성격이었다. 예를 들어 수년 전에는 「편의점 점포 수는 4만 점포에서 포화상태에 돌입한다」는 소문이 널리 퍼져있었다. 구체적으로는 편의점 점포 수는 4만 점포를 상회할 수 없으며, 각 체인점들이 적극적으로 출점한다 해도 다른 점포가 퇴점하기 때문에 수적으로는 포화시점을 맞이하게 된다는 내용이었다. 현재는 4만 점포를 상회하였기 때문에 「편의점 점포 수는 5

만 점포에서 포화된다」는 소문으로 갱신되었다.

이처럼 손쉽게 뒤집히는 소문이 퍼지는 이유는 무엇일까? 사실, 이러한 소문이 완전히 근거가 없는 것은 아니다. 편의점 점포 수가 급속하게 증가하여 거리 여기 저기에 편의점 점포가 눈에 띄고 게다가 새로운 편의점이 생겼구나하고 생각하면 퇴점하는 편의점이 생기는 것을 보면 역시 편의점 점포 수가 너무 많기 때문이 아닐까라고 생각하는 것이다. "4만 점포 포화설"은 3만5천 개 점포를 넘는 순간부터 증가율이 둔화되었기 때문에 포화점에 가까워진 것이 아닌가라고 생각하는 것인지도 모르겠다. 그러나 4만 점포를 넘은 후 4만5천 점포에 달하기까지 걸린 시간은 6년이었다. 이는 3만5천 점포를 돌파하고 4만 점포에 도달하기까지의 시기와 거의 비슷한 수준이다.

상권 인구수와 "포화설"

"포화설"은 점포 수에만 한정되지 않는다. 좀 더 정교한 "포화설"도 있다. "상권 인구 000명 포화설"이 그것이다. 최근까지는 "3,000명 포화설"이 주목을 받았다. 편의점 1개 점포당 상권 인구 3,000명을 밑돌면 편의점은 채산성을 확보하기 어렵다는 것이 주요 내용이다. 상권 인구란 점포를 방문하는 특정 범위에 있는 고객 수를 말한다. 통상은 실제 방문 고객의 80%가 살고 있는 범위(지역)를 상권이라고 말하는데 그 범위가 좁아질수록 상권 인구도 적어진다.

이와 관련, 대개 인구 3만 명 전후를 「소상권」이라고 하고, 5만 명에서 10만 명을 「중상권」, 15만 명 이상이면 「대상권」이라고 부른다.

인구 3천 명 정도로 성립되는 편의점은 소상권이라고 할 수도 없다. 대상이 훨씬 좁기 때문에 「협소한 소상권」 정도가 될 것이다.

편의점 점포가 운영될 수 있는 것은 매일 방문하는 고객의 비율이 매우 높기 때문이다. 방문 빈도가 높으면 상권 인구가 적어도 편의점 경영이 가능하다. 물품 비치도 주먹밥, 도시락, 빵, 오뎅 등 그날 혹은 그 장소에서 바로 소비되는 상품이 많은 것도 방문 빈도를 높이는 요인이다.

체인스토어를 운영하는 기업의 대부분은 정책적으로 소상권에 중점을 두고 있다. 다점포를 전개해 나가기 위해서는 상권을 보다 세분화하여 접근할 필요가 있다. 그러나 소상권일수록 고객층의 폭을 넓히고 방문 빈도를 높여 나가야 하기 때문에 점포 운영 및 물품 배치가 어렵다. 그러나 어떤 의미에서는 체인 확대를 추진하는 기업에게 편의점은 "성공 방정식"이 분명한 사업으로 보일 수도 있다.

그러나 현실에서 성공한 편의점을 기다리고 있던 것은 "포화설"이었다. "3,000명 포화설"의 이전에는 "4,000명 포화설" 그 이전에는 "5,000명 포화설"이 유행했다. 점포 수의 경우와 마찬가지로 그것들이 무너질 때마다 다음 "포화설"이 등장했다. 이미 단순 상권 인수(일본의 총인구를 편의점 수로 나눈 사람 수)는 3,000명을 하회하였다.(도표 1-2)

머지않아 "2,000명 포화설"이 나타날 시기이다. 저자는 이를 "양치기 소년"과 같다고 말했지만 아이러니하게도 동화 속 양치기 소년은 마지막에는 진실을 말했다.

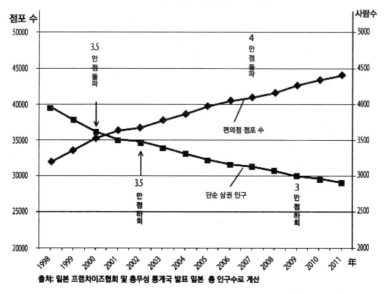

도표 1-2 점포당 상권 인수의 추이

출처: 일본 프렌차이즈협회 및 총무성 통계국 발표 일본 총 인구수로 계산

인구감소 사회의 도래

전국 편의점 점포가 4만5천 개를 넘게 되면 일본 인구를 기준으로 약 2,700명 당 1개 편의점이라는 셈이 된다. 이러한 인구 대비 비율(단순 상권 인구)은 편의점 점포 수가 증가함에 따라 감소한다. 그렇지만, 단순 상권 인구의 감소는 편의점 점포 수의 증가에만 원인이 있는 것은 아니다. 가장 심각한 원인은 일본의 인구 자체가 감소한다는 점이다.

일본의 총인구가 지속 증가한다면 편의점 점포 수가 증가한다 해도 인구 비율로 단순 상권 인구가 줄지는 않을 것이기 때문이다. 앞서 언급한 것과 같은 "포화설"로 위협받는 상황도 없을 것이다.

다만, 총인구 감소 추이는 상당히 이전부터 심각한 사회문제로 지적되어 왔다. 여성이 일생 동안 출산하는 평균 자녀 수를 나타내는 지표인「합계 특수 출생률」저하를 많은 국민들이 심각하게 받아들이게 된 것은 1989년의「1.57 쇼크」때문이었다. 언제부터인가 인구 규모를 유지시키는 수준을 하회할 만큼 심각한 저출산문제에 일본이 직면했다는 것을 인식하게 된 것이다.

그러나 그 후에도 출생률은 계속 저하하여 2005년에는 1.26명 수준까지 하락하였다. 같은 해 실시한「국세조사」에서 일본의 총인구는 1억2천777만 명이라고 집계되었다. 국립 사회보장인구문제연구소는 이 수준을 최고점으로 향후에는 감소해 나갈 것이라고 전망했다. 2002년에 발표한 동 연구소의 미래예측에는 이미 인구감소 추이가 반영되어 있다. 시작되는 시기가 언제인가, 즉 2005년 인지 아니면 그 다음 해부터인지의 문제일 뿐이었다. 통계청의「인구추계」를 통해 확인하면 2007년을 최고점으로 2008년부터 감소했다.(도표 1-3)

도표 1-3 일본의 인구 추이

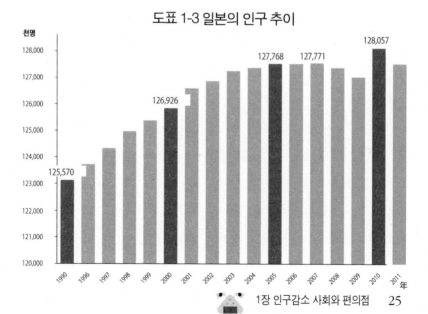

그런데 2010년의 국세조사에서는 일본의 인구가 1억2천806만 명으로 소폭이긴 하지만 전년 대비 증가했다. 출생률도 5년 전의 1.26명을 최저점으로 2010년에는 1.39명까지 회복되었다. 그렇지만 이 시기부터 일본의 인구감소가 증가세로 전환된 것은 아니고 최고점이 3년 후로 지연된 것에 불과했다. 인구문제연구소의 전망에 의하면 38년 후에는 일본 인구가 1억을 하회하고 50년 후에는 인구가 현재 수준의 3분의 2가 될 것이라고 한다.

해외로 진출하는 편의점

인구 감소를 배경으로 소비가 위축되어 가는 가운데, 대규모 편의점 체인들을 중심으로 해외로의 진출을 적극 추진하는 경향이 두드러지고 있다. 현재 해외지역에 출점한 편의점은 세븐일레븐, 로손, 패밀리마트, 미니스톱의 4개 체인이다. 이미 4개 체인의 해외지역 연간 순점포 수 증가(출점에서 퇴점을 제외) 합계는 국내 수준을 상회하고 있다.

예를 들어 미니스톱은 2011년도 국내에서 순 증가 점포수가 13개 점포에 불과하지만, 해외 신규 점포는 281개였다. 또한 국내에서의 출점 지역(행정구역)을 확대하는 것 보다 해외에서의 출점국 및 지역을 확대하는 것에 보다 의욕을 보이고 있다. 이제까지 한국, 필리핀, 중국에 진출했으나 2011년에 베트남, 2012년에 국내 소매업체로는 처음으로 중앙아시아의 카자흐스탄에도 진출했다. 가까운 시일 내에 국내 점포 수와 해외 점포 수의 역전도 예상된다.

패밀리마트는 이미 국내 점포 수와 해외 점포 수가 역전되었다. 즉,

국내보다 해외지역 점포 수가 더 많다는 것이다. 일찍부터 해외 출점에 공을 들인 결과이기도 하다. 1988년 대만에서 시작되어 한국, 태국으로 확대하였고 2003년에는 국내외 점포 수가 1만 점포를 넘게 되어 「아시아 1만 점포」 캠페인을 추진했다. 다음 해에는 중국과 미국에 출점하면서 「범 태평양 2만 점포 구상」을 제시했다. 베트남 진출 때부터 「글로벌 2만 점포 구상」으로 변화하였고 2012년 2만 점포를 달성한 현재, 「글로벌 4만 점포 구상」에 매진하고 있다. 점포 전개에서 국내 및 해외의 구별이 없어졌다.

세븐일레븐은 원래 미국 발상의 편의점이기 때문에 1974년 일본 출점이 해외진출이었다고 볼 수 있다. 그러나 1991년 미국 본사의 경영에 관여한 이후 입장이 역전되었다.

2005년에는 전세계 세븐일레븐 체인을 산하에 두고 현재는 일본을 포함한 아시아, 북미, 호주, EU와 전세계 16개국에 약 4만5천 점포가 진출하였다. 당연히 일본 국내의 약 1만4천 개 점포보다 해외 점포가 많다.

현재 해외진출을 추진하는 체인들의 중심 지역은 아시아지역이다. 급속한 경제성장과 함께 아시아 각국에서는 도시형 생활스타일이 급속히 확대되고 있다. 일본 편의점의 "성공 방정식"이 수용될 수 있는 사업환경 요인이 조성되고 있는 것이다.

2. 지역과 편의점

출점 지역의 편중

향후 인구가 감소하는 이른바 축소되는 일본을 포기하고 편의점 각 체인들이 해외로 탈출해 갈 것을 우려하는 시각이 있다. 물론 그렇게 되지는 않을 것이다. 해외진출을 적극적으로 추진하는 체인도 국내 편의점 시장을 과소평가하는 체인은 없다. 왜냐하면 점포 수로 보아도 아직 포화상태에 도달하지 않았다고 생각하는 체인들이 여전히 많기 때문이다. 실제로도 아직 출점이 가능한 지역 또한 출점이 필요한 지역은 많이 남아있다. 구체적으로 국내 편의점 수를 지역별로 보면 출점 지역의 편중이 뚜렷이 드러난다. 총 편의점 점포의 30% 이상이 수도권(간토지역)에 집중되어 있다.(도표 1-4)

게다가 수도권의 집중도는 점점 심화되고 있다. 그것은 간단히 말해 일본의 인구분포가 그렇게 되어 있기 때문이다. 2010년 실시한 국세조사에서 지역별 인구와 세대 수를 추출해 보면 수도권과 북간토지역을 포함한 간토지역에 인구의 30% 이상이 집중되어 있다.(도표 1-5)

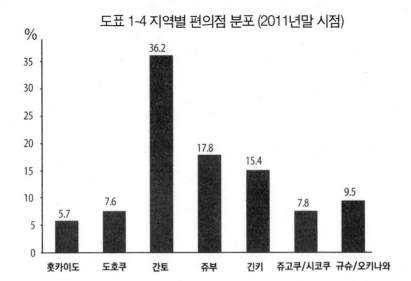

도표 1-4 지역별 편의점 분포 (2011년말 시점)

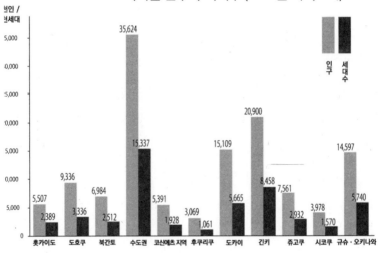

도표 1-5 지역별 인구와 세대수 (2010년 국세조사)

즉, 편의점 점포는 인구가 많은 지역에 많이 분포한다는 일견 당연한 사실이 분명하게 드러난다. 여기에서 인구가 많은 지역이란 도시 지역을 의미한다.

원래 편의점은 미국에서 지방의 식료품과 일용잡화 체인으로 시작되었기 때문에 지방에 어울리는 형태의 체인이었다. 그러나, 일본에 들어온 이후 도시락, 주먹밥, 냉면 등 일본의 독자적인 상품개발이 추진되면서 미국의 컨비니어스 스토어(Convenience Store)가 일본 스타일에 맞는 도시형 편의점 체인으로 변모해 왔다.

게다가 편의점 점포는 전국적으로 보면 수도권에 집중되어 있으며, 수도권 이외 지역에서도 각 지역의 도시지역에 집중하여 출점되어 있다. 또한, 도시지역에의 출점에 주력한 나머지 이제까지 편의점 입지로는 고려되지 않았던 특수한 장소로의 출점이 진행되고 있다.

특수 입지 출점

일반적으로 편의점 출점 위치로 사람의 왕래가 많은 도로에 접한 곳이 좋은 입지로 간주된다. 여러가지 사정으로 입지환경이 변했을 때는 앞서 언급한 「릴로케이트」를 추진하게 된다. 그런데 2000년대에 접어들면서 다양한 사람들이 자유롭게 왕래하지 않은 장소, 즉 한정된 사람만이 드나드는 폐쇄된 공간에도 출점이 눈에 띄게 증가했다. 예를 들어 학교, 병원, 오피스 빌딩 등 해당 시설을 이용하는 사람만이 방문할 수 있는 장소들이다.

상권으로서도 불특정 다수가 자유롭게 드나들 수 있는 곳이 아니기 때문에 고객층이 한정되어 있으며, 게다가 향후에도 고객층이 확대되거나 고객 수가 늘거나 하는 것을 기대하기도 어렵다. 이러한 장소는 통상의 입지와 구별하여 「특수 입지」 혹은 통상의 상권과 구별하여 「폐쇄 상권」이라고 불린다.

그런데 고객층이 한정되어 있다는 것은 점포를 이용하는 이유도 특정할 수 있기 때문에 물품구비가 용이하다는 것을 의미한다. 어떠한 때에 어떠한 물건 및 서비스가 필요하게 될 지가 예측되며 이는 같은 장소에서 같은 방식으로 생활하는 사람들의 욕구가 유사하기 때문이다.

예를 들어 병원 안에 입지한 편의점을 이용하는 고객은 환자와 간병인 및 방문객, 병원에서 일하는 의사, 간호사, 직원 등으로 한정된다. 이러한 편의점에서는 환자를 위해 입원 시에 필요한 잠옷, 복대 및 T복대 등 통상의 편의점에는 없는 물건을 취급한다. 예를 들어, 항암제 치료 등으로 탈모되는 경우에 필요한 모자가 필요한데, 병원 내 편의점에는 대개 비치되어 있다.

한편, 편의점의 주력상품인 도시락 및 주먹밥이 환자에게는 필요 없기 때문에 인기가 없다고 생각될 수 있지만, 실제로는 병원에서 일하고 있는 사람들은 자주 이용한다고 한다. 또한, 식사 제한이 엄격하지 않은 환자에게 기분전환으로 편의점 식사를 권유하는 의사도 있다. 맛가루(후리가케)나 조림 등을 편의점에서 구입해서 병원 식사를 "다 먹게" 하는데 활용하는 환자도 있다. 또한 병원 내에서는 전화카드도 매우 유용하다. 통상의 편의점에서는 구입하는 경우가 많지 않지만 병원 내 편의점에서는 눈에 띄는 곳에 설치되어 있다. 병원이라는 공간에서는 일반 사회와는 다르게 시간이 흘러가고 있다.

이렇게 고객층이 한정되어 있는 경우에는 물품비치 여부에 따라 수요를 어느 정도 예상할 수 있다. 오히려 고객층 및 고객 수에 큰 변동이 없기 때문에 계획적인 물품 구입이 가능해진다. 결품 및 폐기 손실도 줄일 수 있기 때문에 효율적 점포 운영도 계획할 수 있다. 지금은 통상의 입지 및 상권과 유사하게 취급되어 언제부터인가 「특수」라든지 「폐쇄」라는 특징도 옅어지고 있다.

특수 입지에서 배울 점

편의점은 점포 수를 늘리기 위해 이전에는 입지 조건으로 적당하지 않다고 여겨지는 곳으로까지 진출했다. 상권 자체는 협소해도 상권 인구의 점포 이용객 비율이 높고 방문 빈도가 높다면 점포를 운영할 수 있는 가능성도 커진다.

다만 상권인구 자체가 커진다는 보장은 없다. 왜냐하면, 통상적으로 시설 용량은 결정되어 있기 때문이다. 최대치가 있고 이를 하회하는 경우도 있다고 생각해야 한다. 예를 들어 오피스 빌딩은 입주 기업이 바뀔 때마다 상권 인구가 변동한다. 책상에 앉아 일하는 사원이 많은 기업이 있는가 하면 외근이 많아서 오피스에서 근무하는 사람이 적은 기업도 있다. 일정 기간 동안 공간이 비어있는 경우도 있을 수 있다. 빌딩 내 편의점 점포는 기업의 입출 상황은 물론 어떤 기업이 입주할지에 대해서도 민감하게 대응해야한다. 이에 따라 구비해야 할 물건과 서비스가 달라지기 때문이다.

한편, 환경의 변화는 특수한 입지에만 해당되는 것은 아니다. 일반적인 입지라고 해도 새로 근처에 주택가가 생기거나 집객력이 높은 오락시설이 생긴다든지 하게 되면 상권 인구가 증가할 가능성이 있다. 그러나, 인구감소 사회에서는 기본적으로 상권 인구가 줄어들 것으로 생각해야 한다.

앞서 언급한 것처럼 편의점 점포 수의 증가와 인구 감소에 의해 일본의 인구 대비 편의점 점포 수(단순 상권 인수)는 1점포 당 3,000명을 하회했다. 점포에 따라서는 실제 상권 인구가 2,000명을 하회하는 곳도 있다. 상권 인수의 감소는 단순히 단기적인 고객 수 및 매출 감소만을 의미하는 것은 아니다. 미래에 걸쳐 매출이 늘어나지 않는 상황이 이어진다는 의미로 이해해야 한다.

경제활동을 수행하는 기업 및 점포에게 매출 증가는 가장 중요한 목표 중 하나이다. 최근에는 최종 목표로「사회적 책임」이 자주 언급되는 시대가 되긴 했지만 사회적 책임을 수행하기 위해서라도 매출 대비 이익을 높여가는 것이 중요하다.

편의점에 대한 이미지가 변했다?

편의점은 대기업 체인들을 중심으로 동일본대지진 발생 이후에도 고수익을 실현했다. 정부주도의 부흥수요에 힘입은 면이 있다고는 해도 실적 자체는 동일본대지진 이전 시점보다 개선되었다. 편의점에 대한 높은 평가는 재해의 영향 등 불황 시에도 실적이 개선되었다는 점에 기인한다.

일본경제의 전반적인 부진 속에서 실적이 개선되고 있는 편의점의 상황은 버블경제 붕괴 후인 1990년대 전반과 유사하다. 그 당시에도 여타 산업에 비해 호조를 보였던 편의점은 "불황에 강하다"고 알려져 있었다. 불황이 지속되거나 재해가 발생하면 사람들은 살아가기 위해 기본적인 생활의 유지를 우선한다. 이러한 상황하에서 편의점이 고객들의 인기를 얻고 있다면 이는 편의점이 생활의 기본에 밀착한 물건과 서비스를 적절하게 제공하고 있기 때문이라고 말 할 수 있다.

이제까지 "편의점 = 편리"라는 도식이 일반적으로 받아들여져 왔다. 동시에 편의점이 가져다 준 편리함의 폐해도 문제로 자주 지적되어 왔다. 편의점이 초래한 "편리함"이란 과연 무엇인가? 편리함이라는 것을 근본적으로 재검토할 필요가 있다(이 점에 대해서는 제4장에서 자세히 살펴보기로 한다).

그러한 편의점이 재해 시에는 "라이프라인(Lifeline)"으로 기능한다. 라이프라인이란 생활에 필수적인 것, 일반적으로는 전기, 가스, 수도, 교통, 통신 등의 생활과 밀접한 인프라 설비를 말한다. 소매업도 유사하게 생활에 없어서는 안될 식료품 및 일용잡화 등의 필수품을 제공하고 있기 때문에 어떤 의미에서는 "라이프라인"이라 할 수 있다. 그 가운데에서도 수 많은 점포를 정보 및 물류 시스템화하여 운영하고 있는 편의점은 라이프라인이 될 수 있는 많은 특성을 보유하고 있다.

그러나 라이프라인과 이제까지의 편리한 편의점의 이미지 사이에는 간격이 있다. 왜냐하면 편리한 것은 있으면 편리하지만 없어도 생활은 가능하기 때문이다. 즉, 편의점이 편리하기만 한 것이라면 편의점이 없어도 생활에 어려움은 없으며, 또한 라이프라인과도 거리가 있다고 할 수 있다.

만약 재해의 발생을 계기로 사람들이 편의점을 라이프라인으로 느꼈다고 한다면 기존 편의점의 이미지가 변했다고 말 할 수 있을까? 편의점은 라이프라인으로서의 자각을 가지고 있으며, 그것이 사람들에게 이미지로서 명확하게 형성되기 위해서는 좀 더 시간이 필요하다. 특히 처음에 받아들인 이미지가 강렬하면 강렬할수록 새로운 이미지로의 전환은 어렵다. 편의점은 편리할 뿐만 아니라 생활에 필수적인 무엇인가로 평가된다면, 그 배경에 있는 기업 및 점포에 대한 평가도 매출 및 이익 증가율 = 성장성보다는 사회에 지속적으로 긍정적인 영향을 미치는 것 = 지속성 차원으로 변해가야 할 것이다.

편의점의 지역 중시

편의점이 라이프라인으로 인식된 계기는 직접적으로는 동일본대지진의 발생이지만 간접적으로는 점포 수의 증가에 의한 것이다. 의지하고 싶을 정도로 근처에 점포가 많이 있다는 것이다. 물론 실제로 의지할 수 있으려면 물리적인 거리가 가깝다는 것 만으로는 어려울 것이다. 가장 중요한 것은 지역에서 필요로 하는 물건 및 서비스의 제공 여부이다.

편의점이 지역적 특성에 주목하게 된 것은 체인들간 경쟁이 치열해진 1990년대에 들어와서부터이다. 1980년대부터 상품의 판매 정도를 개별 품목별로 파악할 수 있는 POS(판매시점 정보관리) 시스템이 도입되었기 때문에 지역에 따른 판매 정도의 차이를 파악할 수 있게 되었다. 다만 POS 도입 후 최초 시행 조치는 지역성의 실현보다는 개별 점포 및 입지의 차이를 명확히 하기 위해서였다. 개별 점포에 따른 차이를 세븐일레븐은 「개점 대응」이라고 불렀으며, 로손은 「개점 주의」라고 지칭했다.

입지의 분류법도 각 체인에 따라 상이하지만 일부 체인은 수십 종류로 세분화하여 관리하고 있다. 출점 범위가 늘어남에 따라 입지의 분류법도 복잡해졌다.

지역성에 대한 주목은 편의점의 출점 지역의 확산과 연동되지만 「현지 라면」 등의 독자개발 상품이 큰 원동력이 되었다. 1990년대 후반 로손이 편의점 체인으로는 처음으로 47개 도도부현(모든 행정구역)에 출점을 달성했다. 한편, 세븐일레븐은 「현지 라면」을 봉지 라면으로 상품화했다. 2000년대에 들어와 편의점의 「현지 라면」은 봉지 라면에서 컵라면, 유명점포에 의한 「현지 라면」으로 바뀌었고 편의점의 대표 히트상품이 되었다. 이러한 상품의 판매 흐름이 해당 점포가 있는 곳을 정점으로 등고선을 그리는 것처럼 변화했으며, 이러한 점이 지역성의 존재를 더욱 부각시켰다.

또한, 지역상품 만들기는 컵라면에서 도시락, 주먹밥, 면류, 디저트로 확대되어 갔다. 초기에는 지역에서 인기를 얻고 있는 맛을 재현하기 위한 상품개발이 중심이었지만, 점점 지역의 식자재 사용, 관광객 증가에 의한 지역 활성화 및 지산지소(우리의 신토불이에 해당 -옮긴이 주)의 추진 등을 통해 지역사회에 공헌하는 방향으로 전환되었다.

새로운 편의점의 출점 지역

 편의점이 지역의 식자재를 사용하거나 지산지소를 추진하게 된 것은 당연히 지역의 니즈에 대응하기 위한 것이었다. 향후에도 편의점이 지역의 주민들로부터 호응을 얻기 위해서는 좀 더 친근한 점포로서 그 지역에 밀착한 재화 및 서비스를 제공해 나가는 것이 중요하게 될 것이다.

 이러한 점에서 보면 현재의 편의점 점포는 아직 부족한 점이 많다. 정확히 말하면 정말로 필요로 한 지역에는 아직 출점하고 있지 않다고 말할 수 있다. 출점 자체는 체인의 확대 즉 성장전략 관점에서 상권 인구를 확보하고 매출을 예상할 수 있는 입지로 인구가 밀집된 도시지역에 대한 출점이 우선시 되어왔다.

 그러나, 입지 및 상권은 개척할 수 있다. 앞서 언급한 「특수 입지」 및 「폐쇄 상권」은 새롭게 개척되어 그 후에 일반화된 경우다. 체인 중에서도 도시 이외 지역 즉, 사람이 반드시 모인다고 보기 어려운 곳으로 전략적으로 출점을 추진하는 경우도 있다.

 예를 들어 조신에츠지역(군마현, 나가노현, 니가타현)을 중심으로 출점해 온 세이브온(Save on)의 메인 입지는 도시와 도시를 연결하는 간선도로 주변이다. 통행량은 많아도 고속도로 PA(Parking Area)와 같이 반드시 고객이 모이는 곳은 아니다. 또한, 홋카이도의 179개 기초 지자체의 모든 곳에 출점을 추진하고 있는 세이코마트(Seiko Mart)도 입지를 도시지역으로 한정하고 있지 않다. 오히려 지방에서도 점포를 운영할 수 있는 노하우야말로 세이코마트 체인 전략의 핵심이다.

도시지역으로 인구가 집중되어 단기적으로는 인구가 증가하는 지역이 있다 해도 장기적인 관점에서 보면 일본은 인구감소 사회이다. 상권 인구의 감소를 문제라고 생각한다면 상권 내의 모든 사람들이 의지할 수 있는 점포가 되기 위한 방법을 고민해야 한다고 생각한다. 편의점 점포 수는 증가하고 있지만 지역에 따라서는 점포 부족에 어려움을 겪고 있는 지역도 있기 때문이다.

3. 쇼핑 약자와 편의점

쇼핑 약자의 출현

생활 필수품을 구입할 수 있는 점포가 근처에 없고 또한 그곳까지의 교통수단도 취약하기 때문에 쇼핑에 곤란을 느끼는 사람들을 「쇼핑 난민」 또는 「쇼핑 약자」라고 부른다. 경제산업성(이하 경산성)에 따르면 이러한 쇼핑에 곤란을 느끼는 사람들이 전국적으로 약 600만 명 정도 있다고 한다. 또한, 그 규모는 향후에도 증가할 것으로 예상되고 있다.

쇼핑 약자문제에 대응하기 위해 경산성은 2009년 「지역생활 인프라를 받침하는 유통 연구회」라는 심의회를 설치하고 쇼핑 약자의 증가 지역에 필요한 해결책을 검토했다. 심의회의 보도자료를 통해 경산성의 시각을 정리해 보면, 「저출산고령화 및 과소화 등의 사회환경 변화」 → 「지역생활 인프라」의 약화 → 「지방 중소기업 및 지역 커뮤니티」의 쇠퇴 → 쇼핑 약자의 출현으로 정리된다. 즉, 쇼핑 약자가 출현하는 근본적 원인은 「저출산고령화 및 과소화 등의 사회환경 변화」이며 가장 직접적인 원인은 「지역생활 인프라」의 약화라는 시각이다.

심의회는 「지역생활 인프라」를 「지역에서 안전·안심·쾌적한 생활을 영위하는 데 있어 반드시 필요한 기반인 의식주 및 교통·의료·금융서비스의 총칭」이라고 정의하고 있다. 여기에서 가장 주목해야 하는 점은 경산성이 이러한 「지역생활 인프라」의 약화에 대해 지자체, 즉 "공적인 힘"만으로는 해결할 수 없다고 인식하고 심의회를 설치하여 본격적으로 검토하기 시작했다는 점이다.

동일본대지진 및 원전사고를 경험한 국민들은 이미 "공적인 힘"에만 의지해서는 안 된다는 것을 실감했다. 실제로는 그 이전부터 "공적인 힘"의 무능을 알고는 있었지만 동일본대지진으로 인해 더욱 명확히 자각하게 되었다고 할 수 있다.

경제산업성의 「쇼핑 약자 지원 매뉴얼」

그렇다면 쇼핑 약자가 늘어나고 있는 문제에 대해 행정에 의지하지 않고 어떻게 대응해야 할까? 상기 심의회는 「고도의 IT 시스템 및 광범한 물류 네트워크 등을 보유하고 있는 유통사업자 등과 지자체의 연계」를 전제로 「쇼핑 약자 지원 매뉴얼」을 작성했다. 동 매뉴얼은 각 지역에서 쇼핑 약자를 대상으로 실시되고 있는 구체적인 사례를 모은 것이다.

쇼핑 약자의 문제는 아직 일부 지역에 한정되어 있는 문제라고 치부

할 수도 있다. 그러나 향후에도 지속적으로 증가할 것으로 예상되기 때문에 문제 발생 시에 활용할 수 있는 매뉴얼 작성은 의미가 있다.

사례는 3가지 대응방법으로 분류되어 소개되고 있다. ①근접한 장소에 점포를 만든다, ②자택까지 상품을 배달한다, ③집에서 쇼핑 장소까지의 외출을 용이하게 한다는 3가지 방법이다. ①은 채산성이 확보되지 못해 점포가 없어진 지역에서 채산성이 확보될 수 있도록 비즈니스 모델을 개선시켜 점포를 만든 사례, ②는 민가가 분산되어 있는 지역에 이동판매차 혹은 인터넷 슈퍼 및 생협의 택배채널을 이용하여 상품을 배달한 사례, ③은 주민의 요청에 의해 버스 및 택시 회사의 협력을 얻어 저렴한 교통수단을 제공하고 외출하기 용이하게 만든 사례이다.

이제까지 「지원 매뉴얼」은 2차례에 걸쳐 발표되었고 사례는 24가지로 늘어났다. 물론, 사례는 매뉴얼에 실린 것보다 많겠지만, 소개된 사례 가운데는 ②의 이동판매차, ③의 커뮤니티형 버스 및 택시 운행을 위한 행정으로부터의 보조금 활용 사례가 많다. 왜냐하면, 차량의 유지 및 운영비용이 현실적으로 가장 큰 부담이 되기 때문이다.

"공적인 힘"만으로는 불가능한 서비스를 유통사업자 등의 "민간의 힘"을 빌려 "관민일체"로 실시한다고 해도 서비스를 지속 제공해 나가기 위해서는 행정의 보조가 없는 편이 바람직하다고 할 수 있다.

농림수산성의 「식료품 엑세스 문제」

경산성은 서비스를 계속해서 제공해 나가기 위해서 사례 소개 후, 주체 별 7개의 개선책을 제안하고 있다. 우선, 행정에 대해서는 ① 쇼핑 약자용 지도를 만들고, ②지역 별 문제점을 파악할 것을 제안하였다. 다음으로 사업자에게는 ③운/배송 루트의 효율화, ④IT의 활용, ⑤유휴설비 및 공적 시설의 활용을 통한 운영기반 조성을, 마지막으로 주민에 대해서는 ⑥운영 주체는 주민이, ⑦이해관계자의 연계를 통해 사업을 지속적으로 추진하는 방안을 제시했다.

「쇼핑 약자 지도」는 농림수산성(이하 농수성)의 농림수산정책연구소가 2011년에 발표한 「식료품 엑세스 문제」 보고서에서도 사용되었다. 농수성의 「식료품 엑세스 문제」 보고서에서는 고령자의 증가와 식료품점의 감소 등으로 일본에서도 「푸드 데저트(Food Dessert)」문제가 현재화하고 있다고 밝히고 있다. 「푸드 데저트」는 영국 정부가 1990년대 슈퍼마켓의 교외화 및 식료품점의 감소로 다운타운에 거주하는 빈곤층에서 일어난 문제에 대해 사용한 용어이다. 이에 대해 농수성은 푸드 데저트를 「저렴하고 양질의 식료품을 구입하는 것이 사실상 곤란한 지역」으로 정의하고, 「식료품 엑세스에 불편 및 고생이 수반되는 상황」을 「식료품 엑세스 문제」라고 밝히고 있다.

쇼핑 약자의 출현에 대해 경산성은 「지역생활 인프라」의 약화 측면에서 접근하고 있는 것에 비해, 농수성은 「식료품 엑세스 문제」로 파악하고 있다고 볼 수 있다. 경산성의 「지역생활 인프라」에는 의,

식, 주 + 교통, 의료, 금융 등의 서비스가 포함되어 있다. 농수성은
「식료품 엑세스 문제」에 초점을 맞추고 있기 때문에 농수성 시각은
경산성의 「지역생활 인프라」에 포함되어 있다고도 볼 수 있다.

경산성이 전국적으로 600만 명 있다고 추산되고 있는 쇼핑 약자에
대해서 농수성은 인구와 상업 지역에 대한 매시 데이터를 사용하여
식료품가게까지 거리가 500미터 이상 그리고 자동차를 보유하지
않은 사람으로 추계하고 있다. 이 방법은 경산성의 「지원 매뉴얼」
로 추산되고 있는 「쇼핑 약자 지도」의 작성법과 동일하다. 농수성
에 의하면 그 수는 260만 명이다. 식료품점을 신선 식료품도 취급하
는 점포로 가정하면 그 수는 910만 명으로 크게 증가한다. 이는 경
산성의 추계 수치를 상회하는 수준이다.

쇼핑 약자 모두가 고령자는 아니다

경산성의 600만 명이라는 쇼핑 약자 추계는 60세 이상을 대상으로
실시한 의식조사 결과에 바탕을 두고 있다. 「지역에서 불편을 느끼
는 점」에 관한 설문조사에서 「일상적 쇼핑이 불편」이 가장 높은 비
율을 보였으며, 이 수치가 5년 전 조사보다 급증했기 때문에 쇼핑
약자 문제가 주목 받았다. 또한, 경산성이 쇼핑 약자로 파악하고 있
는 것은 60세 이상에만 한정된 결과라는 사실에도 주의해야 한다.

한편, 농수성의 「식료품 엑세스」 문제에서는 식료품 엑세스에 문
제를 안고 있는 계층이 반드시 고령자에 한정되지는 않는다는 것이
조사를 통해 분명하게 드러났다. 자주 쇼핑을 하는 점포와의 거리

가 멀면 멀수록 불편 및 고통을 느끼는 사람의 비율은 연령과 관계없이 높아졌다. 거리 관점에서 보면 고령자비율이 높은 산간지역이라도 자동차를 운전할 수 있으면 불편함은 경감되고 오히려 지방도시의 중심지가 불편함을 느끼는 사람들의 비율이 높았다.

또한, 대도시 교외에 거주하는 「아이를 키우는 세대」는 가까운 점포의 물품비치에 만족하지 못해 먼 거리의 점포로 갈 수 밖에 없는 점에 불편함을 느낀다. 연령보다 살고 있는 지역의 환경이 쇼핑 관련 불편과 고생에 강하게 연관되어있다고 할 수 있다.

다만, 농수성이 910만 명이라고 추산하는 신선식료품 엑세스에 문제를 안고 있는 사람들 중 고령자(65세 이상)는 350만 명이다. 이를 일본 전체 인구에서 차지하는 비율로 보면 910만 명은 7%이며, 350만 명은 65세 이상 인구의 약 14%에 해당하기 때문에 쇼핑 약자가 고령자에 편중되어 있는 상황이다. 연령을 감안한다 해도 쇼핑의 불편함 및 고통을 해소하기 위해서는 지역환경을 고려한 대책을 강구할 필요가 있다. 농수성은 대도시 교외에서는 쇼핑 지원 서비스의 충실화, 지방도시의 중심지에서는 점포 유지 및 신점포 개설, 산간지역에서는 이동판매점 개설과 비치 품목의 충실화 등을 대안으로 제시하고 있다.

지역에 따라 상이한 문제

경산성도 「쇼핑 약자 지도」를 작성한 후 각 지역별 과제를 파악할 수 있도록 「매뉴얼」을 장려하고 있다. 농수성이 대도시 교외 단지,

지방도시 중심지, 산간지역의 3지역으로 분류하고 각각의 대처방법을 제안하고 있는 것에 비해, 경산성은 그보다 많은 5개 지역으로 분류하고 있다. 구체적으로는 농수성의 3개 지역에 대도시 중심시가지, 지방도시의 주변지역을 추가하였다.

대도시 중심시가지는 고층빌딩이 늘어서 있는 오피스거리로 상업시설은 충분하지만 의외로 신선식품 등의 일상 생활에 필요한 상품을 취급하는 점포가 부족한 경우가 있다. 또한, 지방도시 주변지역에서는 종래의 교통기관이 점차 줄어들고 점포는 교외지 등에 점재되어 있기 때문에 접근성이 떨어지고 있다.

이러한 5개 지역마다 앞서 든 쇼핑 약자에 대한 3가지 방법을 조합하면 지역별 과제에 대응할 수 있는 방안이 도출된다는 것이다. 경산성의 「매뉴얼」이 다루고 있는 24개 사례 중 과반수는 과소지(산간지역, 이도)에 해당된다. ①점포를 만든다든지, ②이동판매차 등으로 상품을 배달한다든지, ③커뮤니티형 버스를 순회시킨다든지, 여타 지역과 비교해서 지원방법은 다양하다. 다음으로 사례가 많았던 지방도시에서는 인터넷수퍼 및 택배에 의한 쇼핑 지원, 거점을 연결하는 커뮤니티버스의 운행이 주요 대책으로 거론되었다.

도시지역의 쇼핑 약자 지원

도시지역 편의점은 앞서 언급했듯이 상권 인구가 늘어나지 않는 특수한 입지상황에도 출점이 지속적으로 추진되어 왔다. 특수한 상권 내 니즈에 대해 통상의 점포와는 다른 상품배치로 대응해왔다.

한편, 대규모 고층빌딩이 늘어서 있는 대도시 중심지에서는 신선 식료품(특히 야채)을 취급하는 편의점이 늘어나고 있다. 편의점 점포보다 규모가 큰 식품 슈퍼를 출점할 만큼의 공간은 없고, 도시생활자가 가까운 곳에서 신선품을 구입할 수 없게 된 불편함에 대응한 것이다.

또한, 편의점 점포 정도의 소규모 「미니슈퍼」 및 「신선품 편의점」도 활발하게 개발되었다. 점포 규모는 편의점과 비슷하거나 조금 작은 정도이지만 편의점보다 많은 신선식료품을 갖추고 조리에 필요한 조미료 등의 상품도 강화하였다. 신선품 등의 식료품을 편의점보다 저렴하게 구입하려는 지역주민의 니즈를 고려한 것이다.

대표적인 「미니슈퍼」에는 대규모 소매업 회사인 이온그룹이 추진하는 「마이바스켓」과 대표적인 「신선품 편의점」에는 로손의 「로손 스토어 100」이 있다. 「마이바스켓」은 2005년에 1호점을 출점한 이후 수도권을 중심으로 약 250개 점포까지 확대되었다. 2012년에는 홋카이도의 삿뽀로 시내에도 출점했다. 「로손 스토어 100」도 2005년에 1호점을 출점했으며, 먼저 신선편의점을 추진하고 있었던 동업자를 자회사로 편입시키고 수도권을 중심으로 쥬코권, 긴기권, 센다이 및 후쿠오카에도 출점했으며 전국적으로 약 120개 점포를 운영하고 있다.

「미니슈퍼」도 「신선편의점」도 도시형 점포로 개발되었다. 다시 말하면 도시부 이외 지역으로의 출점은 고려되고 있지 않다는 것이다. 통상의 식품 슈퍼가 출점하기 어려운 도시 중심부이기 때문에 성립될 수 있는 비즈니스 모델이기 때문이다.

예를 들어 도시부 빌딩의 경우, 입주자의 교체가 빈번하기 때문에 원칙적으로는 입주자가 나간 후에 인테리어 등이 되어 있는 상태에서 출점한다. 보통은 점포 건설에서 시작하여 그 투자 비용을 영업활동을 통해 회수해 나가지만 운영비 부담도 있기 때문에 지가가 높은 도시부에서는 위와 같은 방법을 통해 초기 투자 비용을 절약한다.

로손에 의하면 통상의 점포를 출점하는 경우 점포당 약 6,000만 엔의 비용이 드는데 비해, 로손 스토어 100의 경우에는 약 2,500만 엔으로 가능하다. 또한, 편의점 점포와 같은 공공요금 등의 대금수납 대행 서비스는 없다. 은행 ATM이나 복사기를 도입하지 않은 점포도 많으며, 이러한 서비스기능을 줄이는 것도 초기 비용의 삭감으로 이어진다.

그러나 서비스기능을 줄여서 점포에 드는 비용을 줄인 만큼, 편의점 점포보다도 신선품을 중심으로 한 식료품을 풍부하게 그리고 저렴하게 제공하는 것으로 차별화가 시도되고 있다. 도시부는 인구밀도가 높기 때문에 모든 소비자 니즈에 대응하지 않고, 특정 니즈로 특화해도 점포가 운영될 수 있다. 이것도 지역에 대응한 점포만들기라고 할 수 있을 것이다.

편의점의 쇼핑 약자 지원

경산성의 「지원 매뉴얼」로 되돌아와 매뉴얼에서 다루어진 24개 사례 중, 편의점과 관련한 사례는 2개 정도이다. 하나는 지원방법 ①관련 사례로, 홋카이도의 과소지에 점포를 만든 세이코마트이고, 또 하나는 지원방법 ②관련 사례로, 세븐일레븐 점포에 올 수 없는 사람들에게 식사 등을 배달하는 세븐 밀 서비스이다. 편의점은 점포 수가 많고 상권 인구가 적어도 성립될 수 있는 점포를 만들기 위해 노력해 왔기 때문에 쇼핑 약자에게 도움이 되는 부분이 있다고 생각된다.

그러나 이제까지의 편의점 체인들은 세이코마트, 세븐일레븐 등의 일부를 제외하고 도시지역에 편중하여 출점하는 경향이 강했다. 도시지역에서는 편의점 점포 이외에도 지역주민의 불편을 해소하기 위한 점포만들기가 추진되고 있다. 많은 체인점이 도시지역 출점을 강화하고 있기 때문에 도시지역에서의 점포간 경쟁이 격화되는 반면 도시지역 주변에서는 점포가 부족한 지역이 확대되고 있다.

편의점은 식품 및 일용품 등의 생활 필수품만을 취급하는 점포가 아니다. 공공요금 등의 대금을 지불한다든지 ATM을 통해 현금을 인출한다든지 지불 등의 서비스도 제공하고 있다. 이러한 점에서 편의점은 농수성의 「식료품 엑세스 문제」를 해결할 수 있을 뿐만 아니라 경산성의 「지역생활 인프라」 정비에도 공헌할 수 있는 여지가 있다.

문제는 어떻게 하면 필요로 하는 사람들에게 편의점 점포 및 기능 등을 효율적으로 이용할 수 있도록 할 것인가 여부다. 동일본대지진 때에는 가설 점포 및 이동판매차 등을 활용해서 편의점 각 체인이 적극적으로 지원했다. 일상적인 쇼핑 약자 지원에도 점차 활용되고 있지만 아직 사례가 많지 않은 상황이다. 다음 장에서는 쇼핑 약자의 비율이 높은 고령자를 대상으로 편의점이 취한 대응책을 개관하면서 쇼핑 약자 대책에 대해서도 검토해 보고자 한다.

[Column 1]

일본의 편의점 발달사 - 프랜차이즈와 볼런터리(Voluntary)

편의점이라는 형태의 점포가 일본에 등장한 이후 40년이 넘는 시간이 지났다. 일반적으로 알려진 일본의 편의점 기원설에 따르면, 1974년 도쿄도 에도구에 오픈한 세븐일레븐 1호점이 최초의 점포로 알려져 있다. 그러나, 이렇게 말하기 위해서는 몇 가지 조건이 필요한데, 하나는 미국 직수입의 프랜차이즈 형태의 점포였다는 점과 또 하나는 직영점이 아니라 가맹점이었다는 점이다.

1970년 전후에 세븐일레븐뿐만 아니라 여기저기에서 편의점 형태의 점포(소매점) 개발이 모색되었다. 예를 들어 패밀리마트는 1973년에 당시 모회사였던 세이유(Seiyu)가 사이타마현에 오픈한 실험적 직영점을 1호점으로 하고 있다. 또한, 세이코마트는 1971년에 홋카이도 삿뽀로시에 처음으로 오픈했으며, 이는 지방의 대규모 주류 판매업체가 거래처와 함께 개발한 점포형태였기 때문에 볼런터리 형태라 할 수 있다. 코코스토어의 1호점도 1971년 아이치현에 오픈했으며, 대규모 주류 판매업체의 직영점이었다.

그 당시에는 도매상이 본사가 되어 거래처인 소매점을 지원하기 위해 편의점 형태의 점포로 전환하는 사례도 적지 않았다. 세이코마트 및 코코스토어와 유사한 목적을 가진 체인으로는 포플러, 커뮤니티스토어 등이 있었지만, 대부분은 유감스럽게도 자취를 감추고 말았다.

한편, 세븐일레븐, 로손, 패밀리마트, 서클K산크스, 미니스톱 등 현재 편의점 상위 5위까지의 체인은 모두 소매기업에 의해 개발되어 처음부터 프랜차이즈 방식으로 가맹점을 늘려왔다.

일본 편의점의 여명기에는 프랜차이즈와 볼런터리의 2가지 방식에 의해 다점포(체인)화가 추진되었으며, 볼런터리 방식이 보다 이른 시기에 등장했다.

* * *

볼런터리 방식과 프랜차이즈 방식은 목적이 상이하다. 앞서 언급한 것처럼 볼런터리 방식은 도매상을 본사로 거래처의 소매점이 모여 체인화한 형태이다. 그 목적은 당시「유통혁명」을 외치며 소매업의 간판으로 떠오른 슈퍼마켓의 맹위에 대항하기 위한 것이었다. 슈퍼마켓은 직영방식으로 다점포화를 추진하는 체인스토어이다. 그때까지 야채는 야채가게, 두부는 두부가게로 나누어져 있던 쇼핑을 한 곳에서 가능하게 했을 뿐만 아니라 가격도 저렴하고 물건도 다양하게 비치되어 있어 소비자의 인기를 얻게 되었다. 또한, 전국 어디서나 동일 체인 점포인 경우에는 동일 상품이 진열되어 있었다.

식품에서 시작하여 일용잡화, 실용의류, 또한 가전 및 오락용품 등으로 비치 품목이 확대대면서 점포 규모(매장 면적)도 점점 커져갔다. 소비자가 편리한 대형 슈퍼마켓으로 몰리면서 중소형 소매점은 경영이 어려워졌다. 거래처를 같이하는 소매점이 모여 공동으로 상품을 구입한다든지 물류를 통일한다든지 등의 경영 효율화를 도모한 것이 볼런터리방식이다.

그러나 대형 슈퍼마켓의 공세는 계속 이어졌다. 이를 반영하여 1973년에 대규모 소매점포의 영업과 관련한 소매업 사업활동의 조정 법률이 성립되었다. 이는 중소 소매점포를 지키기 위해 대형점의 출점에 규제를 가한 것이다. 동 법률은 구체적으로 500m²(약 450평) 이상의 매장 면적의 점포 출점에는 조정을 요구하고 있다. 거꾸로 말하면 그것보다 작은 소규모 점포라면 자유롭게 출점할 수 있다는 것이었고, 이를 적극적으로 활용하기 위해 대규모 소매업체는 체인 전개가 가능한 소매형 점포 개발에 돌입했다. 앞서 언급한 세븐일레븐을 비롯한 상위 5개 체인 편의점은 이렇게 해서 개발된 프랜차이즈방식의 점포이다.

볼런터리와 프랜차이즈 방식 중 어느 형태가 점포 수를 늘리는 데 적합한 지는 현재의 상황이 말해주고 있다. 또한, 볼런터리 방식에서 시작하여 현재에 이른 체인들은 거의 대부분 프랜차이즈 방식으로 바뀌거나 부분적이라도 도입한 형태다.

볼런터리 방식이 기존 소매점의 지원을 목적으로 한 것에 비해 프랜차이즈 방식은 기존 소매점에 한정하지 않고 소매경험이 없는 개인에게도 점포운영이 가능할 정도의 노하우를 패키지로 제공하여 점포 수를 늘려왔다. 이로 인해 프랜차이즈 방식은 본사의 가맹점에 대한 통제력이 강하고 소매업에 정통한 본사가 실질적으로 우위에 서게 된다. 보는 시각에 따라서는 일방적인 본사의 지침에 따라 죽어라 일하는 가맹점의 이익을 체인 본사가 가로채는 것처럼 보일 수도 있다.

프랜차이즈는 미국에서 개발된 비즈니스 모델이고 그런 미국에서도 위와 같은 시각이 존재한다. 1950년대에 체인스토어 이론을 일본에 소개한 아즈미 씨로부터 미국에서 프랜차이즈 경영자와 명함을 교환했을 때, 「우리들은 양심적인 프랜차이즈」라고 덧붙여 말했다는 이야기를 들은 적도 있을 정도다.

일본에 프랜차이즈가 도입되는 시기에 일본적인 상도덕을 반영하여 비즈니스 모델을 개량된 결과, 본사와 가맹점이 대등하지 않은 관계가 형성되었다고 말하는 사람들도 있지만 이러한 지적은 적절하지 않다고 생각한다. 확실히 미국과는 상도덕이 다르기 때문에 있는 그대로 도입할 수는 없다. 그 이상으로 소비자의 쇼핑 방식 및 생활습관이 상이하기 때문에 당연히 일본 독자적으로 개발해 온 부분이 많았다. 깨끗함을 좋아하고 기호성이 풍부한 일본 소비자를 고려하여 점포 내외 청결상태에 신경을 쓰고 매일 방문해도 질리지 않게 물품을 배치하기 위해 가맹점에게 매우 세밀한 점포 운영을 요구하게 되었다. 이러한 점포 운영을 지속해 왔기 때문이야말로 일본 소비자에게 지지받아 오늘날의 편의점 번영으로 이어졌다고 할 수 있다.

제2장

저출산고령화와 편의점

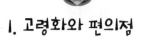

I. 고령화와 편의점

피할 수 없는 고령화

일본의 인구 감소는 출생률 저하와 고령화율 상승에 의해 초래되었다. 구체적으로 총인구에서 65세 이상의 고령자가 차지하는 비율이 지속적으로 증가하였고 15세 미만(0-14세)의 연소자 비율은 지속적으로 하락해왔다.

이러한 상황, 즉 고령자의 비율은 증가하고 연소자의 비율은 감소하는 상황은 언제부터 시작되었을까. 인구통계를 거슬러 올라가면 고령자의 비율은 1950년대 이후 일관되게 증가해 온 반면, 연소자의 비율은 1950년 전후에 35%를 상회한 것을 최고점으로 줄곧 감소해왔다. 그 때문인지 우리들은 이러한 상황을 지극히 일반적이고 당연한 것으로 받아들여왔다. 게다가 이러한 상황 하에서도 1960년대부터 고도경제성장을 실현하였고 1980년대 후반에는 「Japan as No.1」이라고까지 말해질 정도로 눈부신 경제성장을 실현했기 때문에 저출산고령화 심화에 대한 심각성에 둔해진 것일 수도 있다.

일반적으로 고령자의 비율이 7%를 넘으면 「고령화사회(Aging Society)」라고 말한다. 이는 일단 7%를 상회하면 이후 고령화 비율은 빠른 속도로 상승하는 경향이 여러 나라에서 확인되었기 때문이다. 일본의 고령화률이 7%를 넘은 시점은 1970년이었다.

이후 고령화률은 빠르게 상승하여 1994년에는 14%, 2005년에는 20%를 상회했다. 14%를 넘어서면 「고령사회(Aged Society)」, 20%를 넘으면 「초고령사회(Super-aged Society)」라고 부르기도 한다. 즉, 고령화률이 7%를 넘게 되면 「고령사회」 및 「초고령사회」의 도래는 피할 수 없는 시간문제가 된다고 말할 수 있다.

물론 인구감소의 또 다른 원인인 출생률 저하를 막고 연소자 인구를 증가시키면 고령화률의 상승을 억제할 수 있다. 예를 들어 프랑스는 출산과 육아를 지원하는 정책을 폭넓게 시행하여 저하된 출생률을 높이는데 성공한 국가로 알려져 있다. 고령화률도 프랑스가 일본보다 높았지만 1990년대 14%를 넘는 시기에 일본이 프랑스를 따라잡아 순식간에 간격이 벌어졌다. 지금은 일본이 전세계에서 가장 고령화률이 높은 국가가 되었다.

버블경기와 저출산

고령화를 멈추게 할 수는 없다고 해도 고령화률의 상승을 완만하게 유지해야 한다는 의견이 있다. 즉 프랑스와 같이 저출산 현상을 개선시킬 과감한 정책을 시행해야 한다는 것이다. 고령화가 필연적인 것이라면 고령화를 감안하여 사회시스템을 바꾸어 나갈 필요가 있다. 다만, 고령화가 급속히 진행되면 변혁의 효과를 기대하기가 어려워진다. 또한, 타국에 앞서 고령화가 심화되는 것은 문제해결을 더욱 어렵게 한다. 왜냐하면 타국에 참고할 사례가 없기 때문에 효과적인 대응책을 탐색하는 와중에 문제가 대응하기 어려울 정도로 심화될 수 있기 때문이다.

일본은 효과적인 대책을 시행하지 못한 채로 급속한 고령화를 거쳐 인구감소 사회로 순식간에 변해왔다. 1989년의 「1.57 쇼크」로 일본이 심각한 저출산에 빠져있다는 것을 실감하게 된 1990년에도 대책을 마련할 수 있었다. 돌이켜보면 내각부의 특명담당대신에 「저출산대책 담당」이라는 직책이 있었다. 고이즈미수상 재임시기의 「청소년육성 및 저출산대책 담당」이 전신이라면 일본 정부도 2000년대부터 대책을 강구해 왔다고도 볼 수 있다. 그러나 쇼크를 받을 정도로 낮은 수준인 1.57(합계특수출생율)을 최근까지도 상회한 적이 한 번도 없었다. 이는 이제까지 수 많은 대책을 시행했지만 효과적이지 못했다는 것을 반증한다.

1990년 전후 일본은 버블경기로 들떠있었다. 다가올 미래의 우울함을 생각해서 행동할 상황이 전혀 아니었다. 어찌되었든 총인구에서 고령자와 연소자를 제외한 생산가능인구(15세~64세)는 전후 줄곧 증가해왔다. 연소자의 비율이 최고점보다 10% 이상이나 감소했을 때에도 생산가능인구의 비율은 증가했다. 쇼크라고 말하면서도 그 정도로 심각하게 받아들여지지는 않았던 것이다. 생산가능인구의 비율이 가장 높았던 시기는 1991년이었다. 아이러니하게도 최고점의 도래와 함께 버블이 붕괴되었다. 생산가능인구 규모 자체는 그 후에도 증가하여 1995년에 최고점을 맞이하였다.(도표 2-1).

도표 2-1 일본의 인구연령 별 비율 추이

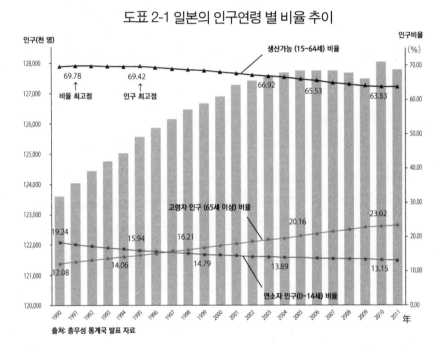

출처: 총무성 통계국 발표 자료

그러나 생산가능인구의 증가보다 고령자 및 연소자의 비율이 인구구조상 중요한 부분인데, 버블경제의 붕괴는 그 밸런스가 한계에 도달했을 때에 발생한 것처럼 보인다. 이후 밸런스는 더욱 악화되어 1997년에는 고령자와 연소자의 비율이 역전되었다.

편의점은 더 이상 젊은이의 전유물이 아니다

편의점도 인구변동에 크게 영향을 받았다. 편의점이 일본에 소개되었을 때 주로 이용한 고객층은 젊은층이었다. 그 중에서도 도시지역에서 혼자 사는 젊은 남성이 주요 고객층을 이루었다. 혼자 사는 단신세대는 1960년대부터 1980년대까지 총세대의 20% 전후 수준에서 추이하고 있었으나, 1990년 전후부터 눈에 띄게 증가했다. 그 중심에 혼자 사는 젊은 남성이 있었다. 다만 향후에는 젊은층 보다는 중고년의 혼자 사는 세대의 비율이 높아 질 것으로 예상되고 있다.

다음으로 새롭게 편의점을 이용한 고객층은 일하는 여성이었다. 1980년대 후반에는 「남녀 고용 기회균등법」이 시행되어 여성 중에 유식자 비율이 높아졌을 뿐만 아니라 여성도 남성과 같이 장시간 일할 수 있게 되었기 때문에 편의점을 이용하는 기회가 늘어났다. 그렇다고 해도 여성의 편의점 이용은 남성에 비해 저조해 1990년대까지만 해도 편의점 고객 중 여성이 차지하는 비율은 20~30% 정도에 불과했다. 이후 점차 증가하여 현재는 40%를 넘는 점포도 드물지는 않다.

세븐일레븐은 자사 체인 편의점을 방문하는 고객 비율을 공표하고 있는데 버블 경제가 붕괴된 1991년 방문고객의 60% 이상이 20세 이하 젊은층이었다.(도표 2-2).

편의점이라고 하면 "젊은이의 가게"라는 이미지가 생긴 것도 동 시기에서의 인상이 강렬했기 때문이다. 그러나 오늘날에는 세븐일레븐 방문객의 약 70%는 30세 이상이다. 약 20년의 기간동안 20세 이하의 층과 30세 이상의 고객층 비율이 역전된 것이다. 즉, 더 이상 젊은이

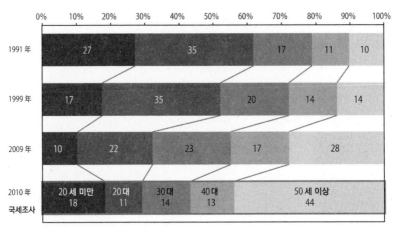

도표 2-2 세븐일레븐 방문고객층 변화

연도	20세 미만	20대	30대	40대	50세 이상
1991年	27	35	17	11	10
1999年	17	35	20	14	14
2009年	10	22	23	17	28
2010年 국세조사	18	11	14	13	44

출처: 세븐일레븐 조사

의 가게라고 말하기 어려워졌다.

이 기간 동안 인구에서 차지하는 연령층 비율도 변화했다. 젊은 세대의 비율이 감소하고 50대 이상 비율이 증가했다. 2010년 실시된 국세조사에 의하면, 50세 이상이 40%를 넘고 40세 이상은 약 60%에 달했다. 인구의 고령화가 빠른 속도로 진전된 것이다.

증가하는 고령 고객, 감소하는 어린이 고객

편의점은 이제까지의 주요 고객층인 젊은이, 일하는 여성, 1인 가구에서 중고년, 전업주부 및 아이를 키우는 가정 등으로까지 고객층을 확대해왔다. 좁은 상권, 적은 상권 인구에서도 점포를 운영하기 위해서는 고객층 확대가 반드시 필요하기 때문이다.

편의점이 점점 좁아지는 상권 및 적은 상권 인구에서도 살아남기 위해 어떻게 혁신해 왔는가에 대해서는 앞 장에서 살펴보았다. 특정층만을 타겟으로 하는 점포에 비해 폭넓은 층이 이용할 수 있는 점포가 고객 수를 많이 확보할 수 있기 때문이다. 그 만큼 상권 내 자기 점포의 "점유율"이 높아야 하기 때문이다. 동일본대지진 이후 고령층 및 주부층의 편의점 이용이 증가하여 편의점 체인의 실적이 개선되었다.

전국에 출점 중인 체인 전체의 관점에서 보면 1개 점포당 상권 내 고객층에 편중이 있다 해도, 인구에서 차지하는 연령대 비율과 편의점 방문객의 연령대 비율이 유사한 것은 다양한 고객층을 확보하고 있다는 것과 동일한 의미이다. 앞서 보인 도표 2-2의 세븐일레븐의 방문객 중에서도 가장 많은 비중을 차지하는 세대가 1999년에는 20대였지만 10년 후에는 30대 이상이 되었다. 가까운 미래에는 방문객의 과반수가 40대 이상이 될 것이다.

즉, 일본 인구가 고령화됨에 따라 편의점 고객도 고령화되어 왔다. 고객층의 고령화는 점포에도 상품에도 브랜드라는 관점에서 보면 좋은 징조라고 볼 수는 없다. 왜냐하면 기존 고객은 시간이 지남에 따라 나이를 먹어가기 때문에 점포 및 상품의 신선함을 유지시키기 위해서는 다음 세대 고객층을 육성해 갈 필요가 있기 때문이다. 예를 들어 롱셀러로 알려진 브랜드는 여러 세대에 걸쳐서 애용된다. 부모에서 아이로 이어져 신진대사를 도모함으로써 브랜드의 활력을 유지하는 것이다.

1990년 전후에 편의점의 주요 고객층이었던 20대가 현재는 40대가 되었다. 향후는 고령화됨에 따라 소비(액)도 줄어든다. 예전의 고령자에 비하면 지금의 고령자는 소비의욕이 높은 것으로 알려져 있으며, 고령이 될수록 감소하는 소비곡선이 예전보다 완만하다고 알려져 있다. 그렇다고 해도 고령화되면 기본적으로 소비가 감소하기 때문에 현상 유지를 위해서라도 젊은 세대를 새로운 고객으로 끌어들이는 방안이 반드시 필요하다.

　그런데 도표 2-2에서 알 수 있듯이 세븐일레븐의 고객층에서 20세 미만이 차지하는 비율은 극단적으로 낮다. 왜냐하면 아이들 생활스타일이 변화했기 때문이다. 안전대책 차원에서 아이가 혼자 돌아다니는 경우는 거의 없어졌다. 보호자 동반으로 편의점을 이용하는 경우에도 보호자가 대금을 지불하게 되면 고객으로 카운트되는 것은 보호자가 된다. 중학생 이상에서는 많은 학생이 학원을 다니고 있고 친구들과 같이 행동하게 되는데 편의점을 자주 이용하는 파와 이용하지 않는 파로 극단적으로 나누어지는 것 같다. 아이 혼자 물건을 사는 경우가 점점 줄어들고 있는 것이다.

　결론적으로 편의점 고객에서 미성년자가 줄어드는 최대 이유는 일본 총인구에서 연소자가 차지하는 비율이 감소한다는 점에 있다. 이 점을 보더라도 편의점의 미래는 일본의 미래와 직결된다.

저출산과 고령화는 별개 문제

　일본 인구구조의 변화는 「저출산고령화」의 한 단어로 표현되는 경우가 많지만 본래 「저출산」과 「고령화」는 별개의 문제로 이해해야 한다. 저출산은 출생률의 문제로 출생률 저하와 함께 아이의 수가 감소해 가는 심각한 사회현상이다. 한편 고령화는 인구에서 고령자가 차지하는 비율이 증가하는 사회현상으로 저출산이 원인 중 하나이긴 하지만 장수하는 사람들이 증가하지 않으면 고령화도 없기 때문에 수명의 관점에서 보아야 한다.

이미 초고령화 사회로 접어든 일본에서 장수가 진정으로 기쁜 일이 되는 사회로 만들어 갈 필요가 있다. 장수해도 예를 들어 질환으로 병석에 드러누운 상태가 길어지는 것은 본인도 힘들고 사회적으로도 비용이 증가할 뿐이기 때문이다. 즉, 장수하면 단순히 좋다는 것이 아니라 가능한 건강하고 "활력있게" 또한 "젊게" 사회생활을 영위할 수 있는 기간을 길게 해야 한다.

이를 위한 「안티 에이징」 연구도 진전되고 있다. 안티 에이징에는 두 가지 측면이 있다. 수 년 전에 유명 의대 공개 세미나에 참가했을 때에는 사추인 유전자(장수 유전자)를 활성화시키는 연구에 관한 강의를 들을 수 있었다. 구체적으로는 노화에 따른 면역력의 저하, 고혈당 및 고혈압 등에서 오는 생활 습관병의 예방에 대한 내용이었다. 건강하게 생활하기 위해서는 중요한 이야기이긴 했지만 기미나 주름을 없애고 외모적으로도 젊음을 되찾는 이야기를 기대했었는데 조금 실망했던 기억이 있다.

그러나 최근 참가한 심포지엄에서는 외모적으로 젊음을 유지하기 위한 안티 에이징과 관련된 연구성과를 들을 수 있었다. 고령이 되어 건강히 생활할 수 있다고 해도 신체의 건강함과 함께 외모적으로도 젊어지고 싶은 욕구 또한 분명히 존재한다. 두 가지의 안티 에이징이 균형이 잡혀야 비로소 초고령화 사회를 풍요롭게 할 수 있다고 생각한다.

편의점의 고령자 보호책

편의점을 자주 이용하는 고객이라면 점포 입구 부근 유리창에 붙어 있는 "코끼리" 마크가 있는 포스터를 본 적이 있을 것이다. 포스터 명칭은 「SS코끼리」라고 한다. 가슴에 「SS」라고 쓰여 있는데 이는 「Safety」와 「Station」의 앞 글자로 딴 것으로 SS코끼리는 편의점의 「Safety Station 활동」을 나타낸다.

SS활동은 편의점업계 차원에서 지역의 안전에 공헌하기 위해 일본 FC협회에 가맹되어 있는 편의점 체인이 2005년부터 자발적으로 시작한 활동이다. 구체적으로는 자기 점포의 방범대책(강도 및 도난 방지책)을 강구함과 동시에 긴급사태(사고, 위급 환자 등)시 110번 및 119에 통보하거나 점포에 도움을 구하러 들어온 여성, 미아 아동, 고령자 등의 보호, 점포 앞에서 방황하는 청소년에는 귀가의 재촉 등을 포함하여 지역 주민 및 자치회, PTA 등과 연계한 활동도 추진하고 있다.

물론 20세 미만에게 술 및 담배를 판매하지 않는다든지, 18세 미만에는 성인 대상 잡지의 판매 및 열람을 금지시키는 것, 페트용기의 리싸이클에 협력하는 것, 점포 주변을 청소하는 것 등의 활동도 포함된다. 재해발생 시 귀가 곤란자에 대한 지원활동도 이러한 활동의 일환이다.

이러한 SS활동을 편의점 각 체인 본사는 「사회적 책임」의 일환으로 이해하고 있으나 실제로 활동하는 것은 가맹점이다. 각 체인 본사 자체는 대기업이고, 가맹점은 본사의 지원을 받는다고는 하나 각각이 독립적 소규모 소매업자에 불과하다. 이렇게 중대한 사회적 책임을 수행하고 있다는 점에 감사를 표하고 싶다.

현재에는 경찰, 소방, 자치제 등의 행정과도 연계하고 있으나 이는 2000년에 경찰청으로부터 「거리 안심 안전의 거점으로 활동」을 요청 받은 것이 그 시작이라고 한다. 약 4년간의 시험기간을 거쳐 본격 시행되었다.

이와 관련 편의점의 24시간 영업에 대해 찬반 양론이 있다. 그러나 경찰청은 24시간 영업체제이기 때문에 편의점에 주목했다고 할 수 있다. 사실 고령자 보호에 대해 파악하기 위해 JFA 자료를 조사한 결과, 고령자 및 아이들보다도 많았던 것은 대피를 위해 들어온 여성에 대한 대응이었다.(도표 2-3) 여성의 대피 중 약 30%가 스토커 피해로 인한 것으로 대응 시간도 과반수가 23시부터 5시에 걸친 심야 시간대였다. 편의점의 불빛이 여성에게 얼마나 마음을 안심시키는 것인가를 알 수 있다.(도표2-3)

한편, 고령자 보호는 50%가 배회, 30%가 갑작스러운 질환 및 상처에 대한 대응으로 가장 많은 시간대는 12시부터 5시까지의 시간대이다. 최근에는 고령자가 피해자가 되기 쉬운 계좌 입금 사기에 대한 대응이 강화되고 있다. 이전 사기 그룹이 은행이 아니라 편의점 ATM으로 고령자를 유인하는 경우가 증가하고 있기 때문에 사기피해를 미연에

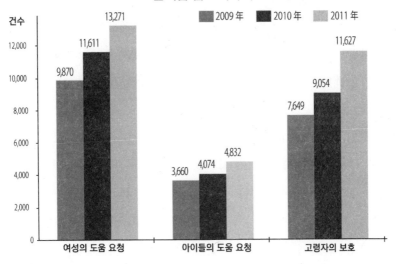

도표 2-3 편의점 점포에서의 보호 건수

건수

| | 2009 年 | 2010 年 | 2011 年 |

여성의 도움 요청: 9,870 / 11,611 / 13,271
아이들의 도움 요청: 3,660 / 4,074 / 4,832
고령자의 보호: 7,649 / 9,054 / 11,627

방지하는 편의점 사례도 증가하고 있다.

「노인」,「휴대전화」및「ATM」이 입금 사기를 방지하기 위한 키워드이다. 즉 고령자가 휴대전화로 말하면서 ATM을 조작하고 있다면 점원이 말을 걸어 사정을 묻는 것이다. 점포 점원이 말을 건네는 것만으로도 고령자는 정신을 차리고 본래의 정상적인 상황으로 되돌아올 수 있다.

고령 편의점 점주의 활약

편의점의 SS활동과 관련, 고령자는「도움을 필요로 하는 사람」이라는 인식이 일반적이다. 그러나 실제로는 서비스를 제공하는 측인 편의점 점주에도 65세를 넘어 활약하고 있는 분이 많이 있다. 세븐일레븐에 의하면 현역 점포 점주의 평균 연령은 52세이다. 서클K산크스의 경우는 48세임을 감안하면, 편의점 점주의 평균 연령은 대략 50세 전후로 예상된다. 다만, 실제 연령 분포는 세븐일레븐의 경우 20세 전반부터 70세 후반까지 매우 폭넓게 분포되어 있다. 70대 중에서도 「체력여하에 따라서는 충분히 활약할 수 있다」고 동 체인 본사는 밝히고 있다.

연령 등 가맹 시 요구조건도 이전에 비해 점차 완화되고있다.(도표 2-4) 1990년대까지는 연령에 상한을 두었던 체인이 많이 있었지만 현재는 하한 연령만을 두고 상한은 제한하지 않은 체인이 늘고 있다. 상한 연령을 규정하고 있는 세븐일레븐, 서클K산크스는 이전보다 연령을 상향 조정했다. 세븐일레븐은 55세까지의 연령조건을 두고 있으며, 최근 1년간 신규 가맹 50대는 전체의 20%를 상회한다. 서클K산크스는 연령조건으로 65세 이하를 요구하고 있으며 60대 가맹자는 전체의 약 10%이고 50대는 약 30%에 달하고 있다.

연령의 완화와 함께 전업 조건도 완화되었다. 편의점은 24시간 영업을 기본으로 하고있기 때문에 가족의 이해와 협력이 반드시 필요하다. 경영에 전업할 수 있는 사람도 1명으로는 불충분하고 2명 이상이 필요하다. 2명이 사이좋게 협력하면서 경영해야 하기 때문에 부부가 적합하다는 생각에서 이전에는 부부 가맹을 조건으로 내거는 체인이 대부분이었지만 현재는 미혼자가 증가하고 있는 상황을 감안 부부 가맹 조건은 없어졌다.(도표2-4)

최근에는 연수제도 및 본사 지원을 충실화하여 전업 1명으로도 가맹을 인정하는 체인도 등장하였다. 체인 본사는 연령이라든지 전업인 수보다 체력, 기력, 열의 및 근면함이 점주에 보다 필요한 조건이

도표 2-4 체인 본사가 토지 및 건물을 준비하는 경우 가맹점 점주 연령 및 전업 조건

	연령 조건		전업 조건	
	1999년 ➡	2012년	1999년 ➡	2012년
세븐 일레븐	50세 미만	55세 까지	부부	부부, 부자, 형제 중 2인
로손	55세 까지	20세 이상 55세 까지	부부	부부, 부자, 형제 중 2인
패밀리마트	20세 이상 55세 미만	20세 이상	부부	부부, 3촌 이내 2명
서클K산크스	20세 이상 55세 미만	20세 이상 65세 미만	부부/가족 2인 이상	부부, 4촌 이내 2명
미니스톱	20세 이상 54세 미만	20세 이상	부부	부부, 부자, 형제 중 2명
데일리 야마자키	25세 이상 50세 정도까지	20세 이상	부부	부부 및 가족 (1인 전입 가능)

라고 인식하고 있는 것이다.

편의점 체인 창업 30년을 넘는 곳이 늘어나고 점주도 가맹 후 10년 이상 및 15년 이상, 나아가 20년 이상인 사람들도 나타나고 있다. 가맹 시에는 40대, 50대였던 사람들이 지금은 60대 혹은 70대가 되었다. 다음 세대가 점포를 이어받는 경우에도 여전히 지역주민의 신뢰는 두터운 것처럼 보인다. 최근 들어 편의점이 수행하는 사회적 역할은 점점 커지고 있다. 지역에의 공헌 활동도 늘어나고 있다. 지역의 기대에 부응하면서 지역이 필요로 하는 점포를 만들어 갈 수 있는 능력이 점주에게 요구되고 있다.

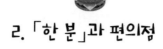

ㄹ. 「한 분」과 편의점

소비 단위의 변화

일본의 총인구가 감소세로 전환되는 것과는 달리 총세대 수는 증가하고 있다. 2010년 국세조사에 의하면, 총세대 수는 5,000만 세대를 넘어섰다. 인구가 감소하고 있는데 세대 수가 증가한다는 것은 즉 1세대당 사람수가 감소하고 있다는 것을 의미한다. 2010년 국세조사에서 1세대당 평균 사람 수는 2.46명 이었다. 2005년의 2.57명 수준에서 하락하여 2.5명을 하회했다. 지역별로 보면 세대당 사람 수가 3명 이상인 곳은 야마가타현 뿐이었다. 세대당 사람 수가 가장 적은 도쿄도는 20년 전에 이미 3명을 하회했다. 2010년 시점에서 겨우 2명을 유지하고 있었지만 지금은 2명 이하 수준으로 떨어졌다.

또한 가족 유형별로 보면 이제까지는 「부부 + 자식」으로 구성된 세대가 가장 많았지만 2010년 국세조사에서는 「단신」 세대수가 많아졌다. 단신세대(혼자 사는 형태)는 향후에도 증가할 것으로 예상되고 있다. 그 외에 「부부」, 「1인 부모 + 자식」 형태의 세대도 증가하고 있다. 한편, 부부 + 자식 세대는 세대인수의 감소와 함께 축소되었다.

부부 + 자식 세대는 오랜 기간 「표준가정」이라든가 「표준세대」로 불려왔지만 숫자 상으로도 더 이상 "표준" 세대라고 말할 수 없게 되었다. 이러한 세대의 구조적 변화는 생활 및 소비 단위에도 중대한 영향을 미쳤다.

가정(세대)은 생활의 기반임과 동시에 그 생활에 필요한 수지(소득과 소비) 활동이 이루어지는 단위이다. 세대인 수가 감소하고 가족유형으로 단신세대가 증가함에 따라 생활 및 소비단위는 확실히 이전보다 작아졌다. 예를 들어 텔레비전 및 잡지, 요리책 등에서 소개되는 조리법으로 이전에는 「4인분」의 기재가 많았지만 최근은 「2인분」이 많아졌다. 식품을 취급하는 슈퍼에서도 당연히 소량사이즈, 소량의 포장 상품이 많아졌다.

한편, 편의점에서는 이전부터 상품 크기의 기본은 「1인분」이었다. 도식락에 한정되지 않고 반찬도 1개 포장이 「1인분」이다. 재미삼아 포장형 샐러드를 사서 표시 내용을 확인해 보기 바란다. 내용량에 대한 기재가 없는 대신에 칼로리를 필두로 영양성분이 표시되어있는 것을 알 수 있다.

「1인분」이라고 하면 구체적인 내용물보다도 그 「1인분」을 섭취했을 때의 칼로리 및 염분 등에 대한 정보를 궁금해하는 사람이 많다. 실제로 생활습관병 등을 신경쓰는 사람에게는 중요한 정보이다.

고령자가 "생기있게" 그리고 "활기차게" 생활하기 위해서도 식생활에서 칼로리 및 영양성분을 충분히 살펴보고 상품을 고르는 것이 중요하다. 이러한 점에서 현재의 상품에는 뒷면에 100g당 영양성분이 표시되어 있는 경우가 많지만, 본래는 1인분에 해당하는 양을 먹었을 때의 영양 섭취량과 동시에 그것이 하루에 필요한 섭취량의 어느 정도를 보충할 수 있는 것인지 알려주는 것이 중요하다.

편의점이 「1인분」 상품에 주력해 온 것은 원래 세대가 아니라 개인을 소비 타겟으로 설정했기 때문이다. 즉, 1세대당 사람 수가 감소함에 따라 세대 소비단위가 개인의 소비단위에 가까워지게 되었다.

「혼밥(個食)」에서 「한 분」까지

세대당 사람 수가 감소하고 단신세대가 증가하면서 세대의 소비단위가 개인의 수준에 가까워졌다고 언급했지만, 식사에 관해서는 이전부터 「혼밥」이 당연시되었다. 편의점이 제공하는 식품의 크기가 기본적으로 「1인분」이기 때문에 「혼밥」에 적합한 점포라 할 수 있다.

그러나, 「혼밥」은 원래 가족과 함께가 아니라 혼자서 좋아하는 대로 먹는 것을 문제시하는 용어로 등장했다. 편의점은 이러한 식사행위를 조장하는 점포로 가족단위의 식사를 옹호하는 사람들로부터 비난받기도 했다.

동일본대지진을 경험하고 「유대」가 중요시되고 가족 및 친구 등과 함께 회식하는 기회가 늘어난 듯하지만 매일 모든 식사를 함께 할 수 있는 것은 아니다. 특히 떨어져 살고 있는 가족과의 회식은 공휴일 및 생일 등의 특별한 이벤트가 있는 경우에 한정된다. 평상시에는 역시

「혼밥」이 많을 수 밖에 없다.

원래 「혼밥」이 가지고 있었던 이미지도 변하고 있다. 이미 수년 전 소비자조사에서 「혼밥」의 이미지에 「자유로운」 또는 「편안한」 등의 긍정적인 용어를 선택하는 사람이 「따분한」이나 「외로운」 등의 부정적인 용어를 선택하는 사람보다 많아졌다. 동시에 「혼자서 식사하는 것을 좋아한다」고 대답한 사람도 절반에 달했다. 혼자서 식사하는 것이 한심하다기보다 자유롭고 해방감이 있으며, 외롭다기보다 조용하고 편안함을 느끼게 한다는 것이다. 이는 모두 함께 식사하는 것이 싫다는 의미가 아니다. 모두 같이 먹으면 즐겁고 가족 및 친구와의 커뮤니케이션이 촉진된다. 한편, 휴식을 취하고 싶은 때는 혼자서 식사하는 것이 선호된다는 의미이다.

긍정적인 의미에서 혼자 식사하는 것을 선택한 것이기 때문에 영양 밸런스, 건강 및 미용에의 영향을 염두에 두고 메뉴를 선택하는 사람도 적지 않다. 흔히 가족을 위해 식사준비를 하는 주부가 가끔은 혼자서 식사하는 경우는 "이미 만들어진 요리"로 간단히 해결한다는 것으로 이해할 수 있지만 이것은 반대 상황이라 할 수 있다.

기본은 보통의 식사에 있다. 보통의 식사에 충실하고 싶다는 희망은 누구나 생각하는 것이다. 「혼밥」의 이미지가 긍정적으로 전환되는 시기에 등장한 용어로 「한 분」이 있다. 원래는 30대 이상의 독신 여성이 혼자서 여행이나 외식 등으로 연출하는 라이프스타일을 지칭하는 용어였지만, 지금은 남녀노소를 불문하고 또한 식사에 한정되지 않고 생활전반에 걸쳐 한 사람의 시간을 긍정적으로 사용하는 때에 사용된다. 「한 분」은 혼자서 무엇이든 한다는 의미에서 「자조」임과 동시에 「자립」이다. 그러한 「한 분」에게 편의점은 사용하기 매우 편리한 점포이다. 편의점은 「혼밥」뿐만 아니라 생활전반에 걸쳐 「한 분」을 받침하는 점포라 할 수 있다.

늘어나는 고령의 「한 분」

2010년 국세조사에서 처음으로 일반 세대 중 단신 세대가 차지하는 비율이 30%를 넘어섰다. 과거 20년 동안에 약 10% 포인트나 증가한 것이다. 단신 세대 가운데에는 고령의 단신 세대가 차지하는 비율이 늘고 있다. 특히, 1995년 이후 급증하여 단신 세대의 약 30%나 차지하게 되었다.(도표 2-5a) 단신 세대라고 하면 이제까지는 결혼을 앞둔 젊은이라는 이미지가 강했지만 앞으로는 고령자로 바뀌어 갈 것이다.

게다가 젊은이의 단신 세대에서는 남성이 여성보다 많았지만 고령의 단신 세대에서는 압도적으로 여성이 많다.(도표 2-5b) 「한 분」의 이미지와 관련, 아직까지는 건강한 여성의 이미지가 먼저 생각나겠지만 점차 고령 여성의 이미지로 변화해 갈 것이다. 한편 고령 남성의 「한 분」도 1990년대 이후 급증했다. 고령 단신 세대에서 남성이 차지하는 비율은 최근 20년간 20%에서 30%로 증가했다. 향후 20년 후에는 약 40%수준에 달할 것으로 예측되고 있다.

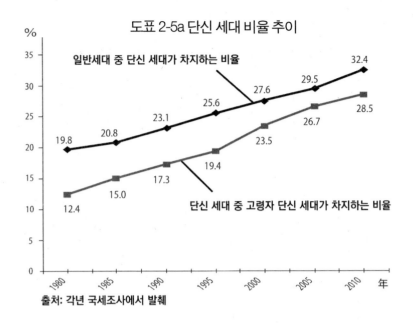

도표 2-5a 단신 세대 비율 추이

일반세대 중 단신 세대가 차지하는 비율

32.4
29.5
27.6
25.6
23.1
20.8
19.8

28.5
26.7
23.5
19.4
17.3
15.0
12.4

단신 세대 중 고령자 단신 세대가 차지하는 비율

출처: 각년 국세조사에서 발췌

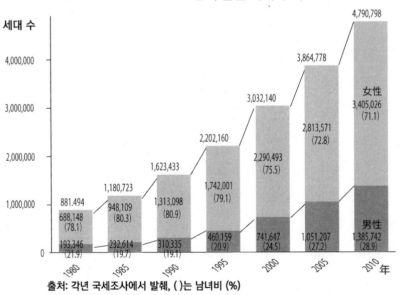

도표 2-5b 고령자 단신 세대 추이

세대 수

4,000,000
3,000,000
2,000,000
1,000,000
0

4,790,798
3,864,778
3,032,140
2,202,160
1,623,433
1,180,723
881.494

女性
3,405,026
(71.1)

2,813,571
(72.8)
2,290,493
(75.5)
1,742,001
(79.1)
1,313,098
(80.9)
948,109
(80.3)
688,148
(78.1)

男性
1,385,742
(28.9)
1,051,207
(27.2)
741,647
(24.5)
460,159
(20.9)
310,335
(19.1)
232,614
(19.7)
193,346
(21.9)

출처: 각년 국세조사에서 발췌, ( )는 남녀비 (%)

고령 여성의「한 분」증가는 평균수명의 신장에도 원인이 있다. 현재에도 혼자 사는 여성의 비율은 20대를 제외하면 고령이 될수록 높아진다. 남성은 고령이 되어도 단신보다 부부 2인 세대 비율이 높다는 점을 고려하면 여성은 배우자를 잃은 후 혼자 사는 경우를 선택하는 경우가 많기 때문이다.

여성과 남성의 평균수명에는 6~7세 정도의 차이가 있다. 향후에도 평균수명의 증가가 예측되지만 남녀간의 차이는 그대로 유지될 것으로 예상된다. 그렇다면 단신세대에서 차지하는 남녀비도 크게 달라지지 않을 것으로 생각되는데 남성의 비율이 증가한 이유는 무엇일까?

인구통계 중에는「생애미혼율」이라는 지표가 있다. 이는 50세까지 한번도 결혼하지 않은 사람의 비율을 나타낸다. 50세를 넘어서 결혼하는 사람도 있기 때문에 생애를 미혼인 채로 지내는 사람의 비율은 아니지만 지표의 명칭은「생애미혼율」이다. 그 생애미혼율은 1980년대까지 남성보다 여성이 높았다. 높았다고 해도 여성의 비율은 4% 전후에 불과했다. 1980년대 후반부터 남성 비율이 급증하기 시작했으며 1990년대에는 여성의 비율을 앞서기 시작했다. 조금 늦게 여성 비율도 증가하기 시작했지만 성장율은 남성이 높았다. 향후 10년 후에는 남성은 20%를 상회하고 여성도 20% 가까운 수준에 달할 것으로 예측되고 있다. 즉, 남성의 경우에는 생애미혼율의 급증이 고령남성의「한 분」증가로 이어진 것으로 생각된다.

내식화와 식의 외부화

다시 한 번 「음식」으로 되돌아가자. 편의점 매출의 약 3분의 2는 식품이 차지하고 있으며 향후에도 일상의 식생활에 깊숙이 관여할 것이라고 생각된다. 「한 분」이 증가하는 가운데 혼자만의 식사라고 하면 왠지 외식이 많을 것 같은 이미지가 있다. 자택에서 1인분 메뉴를 준비하는 것이 귀찮을 뿐만 아니라 외식하는 것이 저렴한 경우도 있다. 그런데, 흥미롭게도 외식 관련 시장규모는 1997년을 최고점으로 축소되고 있다.(도표 2-6)

도표 2-6 외식 및 중간식 시장규모와 음식의 외부화 비율 추이

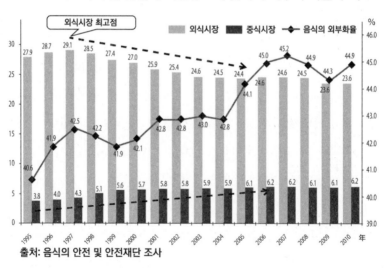

출처: 음식의 안전 및 안전재단 조사

동일본대지진 이후 외식을 자제하는 경향이 강해졌다고 알려져 있지만, 사실 그 이전부터 외식시장은 축소 경향을 보여왔다. 버블경제가 붕괴한 이후 저가 패스트푸드점 및 이자카야 등 외식 체인이 증가한 것도 이유 중 하나이지만, 가장 큰 이유는 절약을 위해 외식을 줄인 사람이 증가한 것이다. 총무처의 가계조사에 따르면, 외식에 소비하는 지출액은 2000년 시점에서 평균 약 1만5,000엔이었지만 2005년에는 1만3,700엔, 2010년에는 1만2,600엔으로 지속적으로 감소하였다.

외식에 비해, 가정에서 조리한 식사를 「내식」이라고 한다면, 가계에서의 외식비 억제는 「내식화」 경향의 강화를 의미한다. 한편으로 외식과 내식의 중간에 위치하는 「중간식」의 시장규모는 외식시장이 축소할 때에도 증가해 왔다.(도표 2-6) 즉, 외식의 빈도는 줄어들었지만 중간식을 이용하는 기회는 늘었다는 것이다.

중간식이란 주로 구입 후 그대로 먹을 수 있는 도시락, 주먹밥, 반찬 등으로 이제까지 편의점이 주력 상품화했던 식품군이다. 「한 분」의 식사에도 딱 맞는 이미지이다. 이와 관련 한 가계조사에 의하면, 단신세대에서 식비가 차지하는 비율은 연령 및 성별에 따른 차이가 거의 없으며 평균적으로 20% 전후를 보이고 있다. 혼자 사는 사람들에게 폭넓게 이용되고 있다는 것을 알 수 있다.

또한, 중간식은 가정에서 조리한 음식과 함께 식탁에 내놓은 경우가 많은 반면, 외식과 같이 조리를 가정 내에서가 아니라 외부에서 한 점에서 「식의 외부화」로 볼 수 있다. 외식과 중간식을 합산한 비용이 외식에서 차지하는 비율을 「음식의 외부화율」이라고 한다면 음식의 외부화율은 매년 소폭의 변동은 있지만 점차 높아지고 있는 추세이다.(도표 2-6)

2000년대 후반부터는 중간식시장도 횡보상황이 이어지고 있다. 그런 가운데 음식의 외부화율이 높아지는 것은 가계 가운데서 음식에 쓰는 비용자체가 감소하고 있기 때문이다. 외식비가 줄어드는 것은 음식에 들이는 비용을 줄이고자 외식 자체를 경원시하고 있는 것이 아닌가라고 생각된다. 참고로 미국 곡물협회에 의하면, 일본의 음식 외부화율은 2040년에는 70%를 상회할 것으로 예측되고 있다.

고령「한 분」의 식생활

「한 분」의 식생활에 대한 총무성 가계조사를 보면, 단신 세대의 식비에서 외식비가 차지하는 비율은 35세 미만의 젊은 세대에서는 남녀 모두 절반 정도이다. 역시 젊은 세대 단신자는 외식 기회가 많은 결과라고 생각된다. 그러나 연령이 높아짐에 따라「소재가 되는 식재료」를 구입하는 경우가 늘어 외식비 비율은 줄어든다. 60세 이상의 단신 세대의 경우, 식비에서 외식비가 차지하는 비율은 남성은 20%, 여성은 10%대이다. 특히 60세 이상 단신 여성은 소재가 되는 식재료 구입비가 식비의 절반 이상을 차지한다. 고령 여성의「한 분」은 소재가 되는 식재료를 구입해서 가정에서 조리하는 사람이 많다.

 다른 조사에서도 위의 가계조사 결과와 부합하는 결과를 확인할 수 있다. 단신 고령자의 40% 이상이 매일 저녁식사를 직접 조리하고 있으며, 이 중 여성은 그 비율이 70% 이상에 이른다는 것이다. 물론 모든 부분을 조리하는 것은 아니다. 중간식도 적절히 반영하고 있다. 예를 들어 이미 조리된 냉동식품의 경우, 젊은 세대보다 50대 이상의 주부가 적극적으로 이용하고 현명하게 사용하고 있다는 점에 자부심을 가지고 있는 것이 최근 실시된 주부대상 의식조사에서 밝혀졌다.

전술한 대로 50대 이상 주부가 장래 고령의 「한 분」이 될 확률은 사회환경 및 평균수명 등을 감안하면 상당히 높다. 인생의 단계가 변화해도 이전까지의 습관 및 의식은 가능한 유지하려 할 것이기 때문이다.

한편, 지금도 고령자 6명 중 1명은 혼자서 식사하는 경우가 많고 그 중 과반수는 혼자 살고 있다는 조사결과도 있다. 혼자 사는 고령자가 편의점 도시락 등의 중간식 및 배달에 의한 식사 서비스를 이용하는 비율이 매우 높아졌다는 것이다.

또한, 식사에 신경쓰는 고령자의 비율이 높아지고 있는 것도 특징이다. 도표 2-7의 조사결과에 의하면 「아침식사를 반드시 챙겨 먹는다」, 「하루 3끼를 거르지 않는다」에 이어, 「야채(특히 녹색계열 채소)」, 「생선」, 「대두(제품)」, 「과일」, 「해초」, 「유제품」등을 섭취하도록 신경쓴다는 항목이 이어지고 있다.

그런데 동 조사에서 실제 식사내용을 고려하면, 농수성의 「식사 밸런스가이드」(「주식」, 「주야채」, 「부야채」, 「우유 및 유제품」, 「과일」의 5항목에 대해, 각각 하루에 섭취하는 것이 바람직하다고 알려진 양을 표시한 것)에 비추어보면 3항목 이상에서 영양 밸런스를 갖춘 식사를 하는 고령자는 10% 조금 넘는 수준에 불과했다. 즉 많은 고령자는 영양밸런스에 신경을 쓰고 매일 하루 3끼를 거르지 않으려 하나, 실제로는 밸런스가 갖추어진 식사라고 말하기 어려운 상황이라는 것이다.

도표 2-7 고령자가 식사에 대해 신경쓰고 있는 것

항목	%
아침을 반드시 챙겨먹는다	75.7
세끼를 거르지 않는다	74.0
야채를 많이 섭취한다	67.4
밸런스를 갖춘 식사	65.5
어류를 먹는다	58.8
밤 늦게 먹지 않는다	57.2
여러가지 채소를 섭취한다	56.6
콩 등 식물성 단백질을 섭취한다	54.1
과일을 먹는다	52.2
해조류를 먹는다	50.4
일본식을 중심으로 한다	47.6
배부르지 않도록 한다	47.1
염분 섭취를 줄인다	44.5
가능한 물을 마신다	42.1
유제품을 먹는다	40.3

출처: 음식의 안전 및 안전재단 조사

가정 내 비축용 편의점 상품

편의점이 최근 주력하여 개발하고 있는 오리지널 상품에는 식기에 옮겨 담아 먹을 것을 상정하여 파우치가 들어있는 반찬이라든가, 전자렌지 등으로 가열하여 먹는 냉동식품 등이 판매되고 있다. 이는 이제까지 짧은 시간에 어디에서나 먹을 수 있도록 상품 및 용기를 개발해 온 편의점으로서는 조금 다른 상품개발 방향이라고 말할 수 있다. 이런 배경에는 전술한 내식화 경향을 생각해 볼 수 있다. 가정에서 조리한 것과 함께 메뉴로 하기 쉬울 뿐만 아니라 가정 내에 비축하기 쉬운 포장으로 유통기간도 길다.

또 하나는「한 분」의 인구 구성상 변화와 식생활의 다양화를 생각해 볼 수 있다. 이제까지 가장 많았던「한 분」의 젊은 남성을 대신하여 향후 증가할「한 분」은 고령 여성이다. 고령 여성의 식생활은 이제까지의 젊은 남성과는 확연히 다르다.

당연한 이야기이지만 이제까지 개발해 온 "즉식성(바로 먹을 수 있는)"이 높은 중간식을 선호하는 층도 있기 때문에, 예를 들어 만두 메뉴 같은 경우, 막 구운 상태로 팩에 담은 상품과 가열이 필요한 냉동식품 등 여러 형태의 상품을 갖출 필요가 있다.

반찬은 기껏해야 1~2일이 소비기한이지만 냉장상품은 이른바「냉장이 필요한」상품으로 약 4도 대에서 관리된다. 1~2주간 정도의 유통기간이 일반적이다. 냉동식품은 마이너스 18도 이하 온도에서 보존하면 기본적으로 365일 문제없다.

이러한 상품의 관리와 판매는 식품을 다루는 상점 및 슈퍼마켓에서는 예전부터 행해져 온 일이나, 최근 청과물(야채와 과일)을 중심으로 신선식료품을 취급하는 편의점 점포가 늘어남에 따라 편의점이 "식품 슈퍼화" 되어 가는 것의 근거로도 자주 거론되고 있다.

이제까지 이러한 편의점의 물품 비치 방법은 효과적이었다.「조금 떨어진 슈퍼마켓에 갈 바에는 근처 편의점으로」이라는 식으로 고령자뿐만 아니라 주부들로부터도 환영받았다.

그러나 단순히 가깝기 때문에 편의점이 이용되는 것은 아니다. 상품을 자세히 들여다 보면 기존 식품 슈퍼의 물품 비치 방식과는 다르다는 것을 알 수 있다.

예를 들어 가정 내 대표적인 비축형 상품인 냉동백반의 경우, 식품 슈퍼에서 취급되는 대기업 제조 상품은 1봉지 「2인분」 용량이 일반적이지만, 편의점이 취급하는 오리지널 상품 용량은 「1인분」이다. 2인분 상품도 절반 사용하고 남은 절반은 냉동고에 넣어두면 보관할 수 있겠지만 이보다 1봉지 1인분이 사용하기 훨씬 용이할 것이다.

이제까지 편의점 냉동식품은 아이스크림에 비해서도 눈에 띄지 않은 상품이었지만 사용하기 편리하다는 점이 널리 인지되어 인기 상품으로 성장하고 있다. 가격도 1봉지 1인분이고 가격도 100엔 전후로 쇼핑하기에 적당하고 비축 차원에서 사두려는 사람도 많다.

1인분의 양에 대해서는 기업마다 편차가 있다. 대규모 기업 상품의 2인용에는 1봉지 450g이나 500g의 경우가 많다. 편의점의 경우 예를 들어 로손이 개발한 「밸류 라인」는 1봉지 230g으로 대기업 상품의 절반이며 세븐일레븐에서 취급하는 「세븐프리미엄」은 1봉지 170g으로 비교적 소량이다.

전술한 패키지 샐러드의 예와 같이, 내용량에 대한 정확한 수치보다도 「1인분」이라는것을 알 수 있는 정보를 전달하는 것이 실제 소비자에게 필요한 정보라 할 수 있다.

3. 고령자 대상 서비스의 변천

편의점의 택배 서비스

편의점 업계는 10년 이상 전부터 고령자를 대상으로 하는 서비스를 실시해 왔다. 예를 들어, 1990년대에 시작된 편의점 택배 서비스의 주요 타겟층은 고령자였다. 그 중 AM/PM (2010년 3월에 패밀리마트로 흡수/합병)의 택배 서비스는 본사 주도로 도쿄도에서 처음으로 시행되었다. 도쿄도 주오쿠의 사회복지협의회가 구 내 고령자 및 개호가 필요한 사람이 있는 가정에 AM/PM의 택배서비스 이용 쿠폰권을 배포하였다. 도심일수록 일상적인 쇼핑을 할 수 있는 장소가 줄어들고 개호가 필요한 사람과 함께 있어 외출하기 곤란한 주민의 택배 서비스 이용을 지원한 것이다.

그러나 1999년 4월부터 1년간 쿠폰권을 이용한 주민은 20명에 불과했다. 당시 동 협의회 담당자는 대상자에 대한 홍보활동이 부족했다고 반성하면서도 편의점이 고령자에게 익숙하지 않았던 점도 이용이 부진한 이유로 들었다.

실제로 AM/PM의 택배 서비스를 자주 이용한 사람은 도심의 고층주택에 거주하고 아이와 함께 외출하기가 용이하지 않았던 젊은 주부들이었다. 2000년대에 들어와 편의점의 IT 활용이 진전되자 각 체인은 앞다투어 EC(전자상거래) 회사를 설립했다. 고령자 및 개호서비스에의 대응도 이러한 흐름의 일환으로 이해할 수 있다.

2000년 4월부터「공적개호보험제도」가 시행되어 개호가 필요하다고 인정된 고령자에게 가정봉사원(Home helper)에 의한 방문개호 서비스가 시작되었고, 이를 배경으로 개호서비스가 주목 받게 되었다. 세븐일레븐을 중심으로 설립된「세븐 드림.com」, 패밀리마트를 중심으로 설립된「패밀리마트.com」에서도 주축 사업 중 하나로 방문 개호를 고려한 편의점 점포 매개형의 쇼핑 대행이 포함되어 있었다.

이것은 통상의 편의점 점포가 취급하지 않은 상품, 예를 들어 개호용 기저귀, 고령자대상 식사 등을 인터넷으로 주문 받아 지정 편의점 점포에 배송해 두면 주문자 혹은 방문개호자 등이 편리한 시간대에 편의점에 들러 상품을 수취한다든지 대금을 그 자리에서 지불할 수 있게 하는 방식이다.

다만 이러한 방식은 서적이라든지 음악 및 영상 등의 패키지 소프트 거래에 가장 잘 이용되었다. 인터넷 통신판매로 주문한 상품은 통상 택배로 배달되며, 지정된 가까운 편의점에서 수취한다. 자택을 비우는 경우가 많은 사람들, 자택에 타인이 오는 것을 원하지 않는 사람들 사이에서 매우 인기가 높다. 쇼핑 대행이라고는 해도 부피가 큰 물건 및 날 것 등 편의점에서 물리적으로 취급하기 어려운 상품이 많았다.

「세븐 밀 서비스」의 등장

세븐일레븐이 「세븐 드림.com」과 동 시기에 설립한 「세븐 밀 서비스」는 고령자에 대한 대응임과 동시에 개호서비스 사업도 시야에 넣은 조치였다. 설립 당시 출자자에는 개호서비스 분야 대기업인 니치이학관이 포함되었다. 「세븐 밀 서비스」는 전술한 것과 같은 쇼핑 대행을 「세븐 드림.com」과 연계하면서 고령자 대상 식사를 만들어 정기적으로 배달하는 「배식 서비스」를 확립하려는 차원에서 추진되었다. 세븐 밀은 세븐일레븐이 각 점포에 공급하고 있는 도시락 및 반찬과는 별개로 직접 제조한다. 니치이학관은 배식서비스를 이용하는 고령자 및 개호가 필요한 사람 집에 도움이를 파견하거나 개호용품을 판매한다. 고령자 대상 세븐 밀 및 개호용품의 수취는 세븐일레븐 점포나 택배 중에서 주문자가 선호하는 방법을 선택할 수 있다. 택배와 관련, 점포로 상품을 배송하는 물류 시스템과 같이 자사 차원에서 시스템 및 택배 망을 구축하기 위해 독자적인 배송차량까지 개발되었다.

당시는 인터넷 통신판매 및 인터넷 슈퍼가 부상하는 시기이기도 했기 때문에 택배 시스템 구축은 매우 주목받았다. 점포 방문이 아닌 고객의 자택으로 배달하는 것이 고객에 보다 가까워지는 것이기 때문이다. 점포와 연계한 접객을 고객 자택까지 연장하려고 한 것이다. 이처럼 점포에서 고객 자택까지의 거리를 「마지막 1마일」이라고 하고 이를 차지하기 위한 치열한 경쟁이 펼쳐졌다.

그러나 세븐 밀의 택배망은 세븐일레븐의 상품배송 시스템과 같이 유기적으로 구축되지는 못했다. 세븐 밀이 세븐일레븐 점포가 출점해 있는 모든 지역을 대상으로 서비스를 제공하게 된 것도 당초 계획보다 5년이나 지연된 2007년 7월이었다. 그것도 택배업자에게 위탁하는 방식을 통해 확대를 추진했다. 자사 택배망에 집착하는 것보다 세븐일레븐의 점포망을 최대한 활용할 수 있는 쪽을 선택한 것이다. 세븐일레븐 점포가 약 1만2천에 달했을 시점이었다. 소비자에게는 선택지가 늘어나는 것이었고 가맹된 점포에게는 세븐 밀을 권유하여 새로운 고객층을 획득할 수 있는 기회였다.

당초 세븐 밀의 계약자는 일반 가정주부가 고령자보다 많은 부분을 차지했다. 그래서 당시 편의점 점포에서는 새로운 고객층의 발굴로 이어졌다. 그러나 이 기간에 니치이학관이 투자에서 손을 뗐기 때문에 당초에 계획했던 개호용품의 구매 대행 서비스는 현실화되지 못했다.

세븐 밀의 대응

현재 세븐 밀 계약자(회원 등록)의 약 70%는 50세 이상이다. 이 가운데에는 고령자 자신도 포함되지만 자식 세대가 회원으로 가입하고 고령자가 이용하는 경우도 적지 않다. 세븐일레븐 점포 방문객 중에 50세 이상이 약 30%이기 때문에, 세븐 밀과 이용연령이 반대다. 즉, 세븐 밀은 세븐일레븐 점포 방문객층을 보완하고 있다고 볼 수 있다. 고령 고객의 획득은 세븐 밀 서비스의 당초 목적 중 하나였다. 고령 등의 이유로 방문할 수 없는 잠재적 고객을 발굴할 수 있었다는 점에서 목적 중 하나는 달성했다고 할 수 있다. 다만 세븐 밀 서비스가 등록

회원을 대상으로 벌인 설문조사에 의하면 세븐 밀을 이용하는 이유는

도표 2-8 세븐 밀을 이용하는 이유(MA)

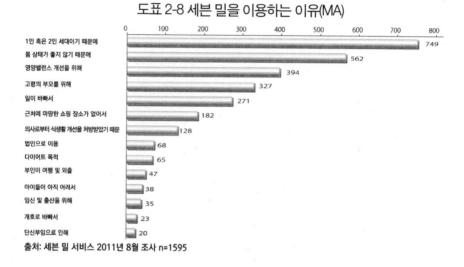

1인 혹은 2인 세대이기 때문에	749
몸 상태가 좋지 않기 때문에	562
영양밸런스 개선을 위해	394
고령의 부모를 위해	327
일이 바빠서	271
근처에 마땅한 쇼핑 장소가 없어서	182
의사로부터 식생활 개선을 처방받았기 때문	128
법인으로 이용	68
다이어트 목적	65
부인이 여행 및 외출	47
아이들이 아직 어려서	38
임신 및 출산을 위해	35
개호로 바빠서	23
단신부임으로 인해	20

출처: 세븐 밀 서비스 2011년 8월 조사 n=1595

예상과는 달리 다양한 요인으로 구성되어 있었다.(도표 2-8)

가장 많이 이유로 거론된「1인 혹은 2인 세대이기 때문에」는 세대당 사람 수의 감소와 세대 수가 증가하는 현상을 반영하고 있으며, 음식물 쓰레기를 줄이고자 하는 이용자의 의도도 있는 것으로 예상된다. 그리고「영양밸런스 개선을 위해」및「의사로부터의 식생활 개선을 처방받았기 때문에」를 이용 이유로 든 사람도 적지 않았다. 전술한「식의 외부화」는 이러한 형태로도 진행되고 있었다. 또한「일이 바빠서」라는 이유는 현역 세대일 것이며「근처에 마땅한 쇼핑 장소가 없어서」라고 대답한 사람은 이른바 "쇼핑 약자"로 추정된다. 이에 대해 세븐 밀 사는 설문조사 결과에 기초하여 세븐 밀의 이용대상자를 고령자로 국한하지 않고「일상적인 식사 및 쇼핑에 불편을 느끼는 사

람」들로 확대했으며, 따라서 취급 상품도 확대하였다. 당초「간단한 쿠킹(인원 수분의 식재료 세트)」및「매일 바뀌는 도시락」등에 더해 신선식료품, 냉장식품, 미곡 및 음료 등으로까지 취급품목을 확대하고 택배서비스 뿐만 아니라 이른바 생협의 택배 및 인터넷 슈퍼의 역할도 수행하게 되었다.

또한, 택배요금을 2012년 5월부터 500엔 이상 주문 시 무료로 하는 조치를 시행했다. 이제까지는 세븐일레븐 점포에서 수취하는 경우는 무료였지만 택배의 경우는 1,000엔 이상부터 주문을 받아 200엔의 수수료를 부과했다. 500엔 이하 주문 경우에도 택배료를 무료화하는 조치를 2011년 가을부터 도쿄도 스기나미구와 세타가야구에서 시행했으며, 이를 계기로 세븐 밀의 취급량이 2.4배 증가했다.

상품은 주문자가 지정한 세븐일레븐 점포가 배달하는 경우도 있고 점포가 배달할 수 없는 경우에는 점포가 택배업자에게 위탁하는 경우도 있다. 그러나, 점포가 배달하는 방법이 이용객과 얼굴을 직접 마주할 수 있는 기회가 되기 때문에 본사로서도 점포 배달을 장려하였다. 얼굴을 마주하고 대화하다 보면 기타 필요한 상품 등의 주문을 추가로 받는 경우도 있을 것이다. 이렇게 해서 세븐 밀을 통한 주문상품도 세븐 일레븐 점포의 상품과 같이 점포 점원이 배달한다. 이 택배서비스는 2012년 7월부터「세븐 락쿠락쿠 택배」로 명칭이 변경되었는데, 이는 1인용 초소형 전기자동차(EV)를 사용하여 택배물건을 배달했기 때문이다.

「시니어 친화적인 로손」의 등장

2006년 7월 효고현 아와지시마에 「시니어 친화적인 로손」이 개장했다. 저자도 개장 첫 날 방문했는데, 가장 기억에 남은 것은 넓은 점포와 통로, 그리고 큰 냉동 코너에 붙여있던 냉동식품이 「30% 할인!」광고였다. 잡화매장에는 젊은이들에게 인기가 있었던 염색약, 다단 진열장에는 현지 식재료가 진열되어 있었고, 현지 산품인 양파를 가공한 토산품도 있었다. 또한, 마사지 의자가 놓여 있는 휴식 공간도 마련되어 있었다. 생각나는대로 서술했지만 이 모든 것이 「시니어 친화적인 로손」을 구성하는 요소이다. 비슷한 시기에 전국 각지에서 「시니어 친화적인 로손」이 연이어 개장했다. 각 매장은 지역 별 니즈를 조사하여 상품 및 서비스를 제공하는 것을 기본 콘셉으로 했기 때문에 타겟은 고령자이며 지역적인 요소가 많이 가미되었다.

도표 2-9는 2006년 7월에 개장한 각 지역 별 「시니어 친화적인 로손」의 특징을 비교한 것이다. 예를 들어 아와지시마 로손은 일반적인 편의점의 약 2배에 달하는 매장면적을 활용하여 넓은 휴식 공간에 마사지 의자 및 액정 텔레비전 등을 구비했다. 신아츠시 로손은 카드게임기, 아사히가와시의 로손에는 카드 게임기와 캡슐완구가 설치되었으며 이는 고령자가 손자와 같이 즐길 수 있도록 한 것이다.

아와지시마와 아사히가와시 로손은 60세 이상을 대상으로 회원을 모집하여 전화주문을 통한 상품 배달이나 소비지 니즈를 반영한 상품 및 서비스의 보충 등에 힘을 기울였다. 또한, 원예, 낚시, 여행 등의 취미관련 잡지매장을 충실히 한 「장년 잡지」 코너도 설치하였다. 특히,

아사히가와시 로손에는 혈압계 및 도그폴(dogpole)도 설치하였다. 이는 건강을 염려하여 운동하거나 개 산보를 즐기는 주민이 많았기 때

도표 2-9 「시니어 친화적인 로손」의 점포 별 특징 비교

점포 명		로손 히가시우라	로손 신아츠	로손 아사히카와
지역		효고현	야카가타현	홋카이도
개장		2006.7.1	2006.7.7	2006.7.15
면적/상품 수		67평/약 3,500	37.5평/ 약 2,800	34평/약 3,500
점포의 특징	건강시설	- 신선한 야채, 반찬, 일용품 강화	- 신선한 야채, 반찬, 일상 식품류 강화	- 신선한 야채, 반찬, 일상식품류 강화
		- 안마의자, 마사지 체험 시설	- 생화 구비	- 혈압계 설치
	오락(커뮤니티) 시설	- 휴식 공간 설치	- 휴식 공간 설치	- 휴식 공간 설치
		-액정텔레비전 설치	- 카드 게임기 설치(2대)	- 캡슐 완구, 카드게임기 설치
		-장년 대상 잡지 강화		- 장년 대상 잡지 강화
				- 지역정보 제공 게시판설치
	편의시설	- 회원제 주문배달 서비스와 회원 의견을 물품 비치에 반영	- 바람막이 공간 설치	- 회원제 주문배달 서비스와 회원 의견을 물품 비치에 반영
			- 장년 이용 고려 화장실 개선	- 통로폭 확대
		- 통로 폭 확대	- 경량 쇼핑카트 도입	- 경량 쇼핑카트 도입
		- 경량 쇼핑카트 도입	- 가격표 크기 확대	- 가격표 크기 확대
		- 가격표 크기 확대		- 도그폴 설치 및 펫푸드 매장

문이었다.(도표 2-9)

한편, 「시니어 친화적인 로손」 중에는 공통적인 것도 있다. 우선, 신선한 야채, 반찬 및 일상적 식품류을 강화한 점이다. 고령자에게 식품의 구비에 대한 니즈를 물으면 「신선한 야채」라는 대답이 많았기 때문이다. 반찬 및 현지 산품을 가능한 많이 취급했으며, 이는 고령자에게는 익숙한 맛과 식재료가 선호되기 때문이다. 다음은 경량의 쇼핑 카트의 도입이다. 편의점 점포 매장은 좁기 때문에 카트가 필요 없을 것으로 생각되지만 고령자에게는 없어서는 안 될 부분이다. 쇼핑 카트를 이용하여 쾌적하게 쇼핑하기 위해서는 점포 내 통로 폭을 넓힐

필요가 있다. 세번째는 큰 가격표 카드다. 통상의 편의점 가격표는 작다. 선반의 두께가 얇기 때문에 고령자가 아니라 하더라도 잘 보이지 않을 때가 많다. 네번 째는 휴식 공간의 설치이다. 커뮤니티기능을 고려한 것으로 벤치 정도면 충분하다. 쇼핑 도중에 잠시 편히 쉬고 싶다는 생각은 누구나 할 것이다. 지인을 만났을 때에도 잠시 쉬면서 이런저런 애기를 할 수 있다. 마지막 공통점은「시니어 친화적인 로손」은 고령화률이 비교적 높은 지역에 출점했다는 것이다.

「로손 플러스」에서「신선식료품 강화」로

「시니어 친화적인 로손」구상은 동 체인 도호쿠지사의 한 프로젝트에서 시작되었다. 고령화가 심화된 도호쿠지방에서 편의점의 주요 고객층인 젊은 세대가 줄어드는 것에 위기감을 가졌던 것이 계기가 되었다.

2005년 5월 야마가타현의 한 점포에서 실험을 개시했고 약 1년 후에는 전국으로 확산되었다. 2005년 5월은 신선품 취급 편의점인「로손 스토어 100」의 제1호점이 개장한 시기이기도 하다. 1년 후에는 기존 로손 점포에 신선식료품을 도입하여 로손 스토어 100과의 융합을 시도한「하이브리드형 로손」을 각지로 보급시켰다. 즉,「시니어 친화적인 로손」과 신선식료품을 도입한「하이브리드형 로손」은 거의 동시기에 전국 각지에서 만들어지게 된 것이다. 전술한 것처럼「시니어 친화적인 로손」에서도 고령자 니즈가 높은 야채(신선 식품)를 취급했다. 한편「하이브리드형 로손」의 타겟층은 주부로 주요 신선식료품은 주부의 니즈가 높은 야채류였다. 두 점포의 특징이 겹치기 때문에 2007년 1월에 새로운 디자인의 「로손 플러스」 개발을 계기로 「시니어 친화적인 로손」과 「하이브리드형 로손」은 통합되었다. 이 때 「로손 플러스」 디자인에는 기존 파란색을 기조로 한 간판을 오렌지색깔로 바꾸었기 때문에 「오렌지 로손」으로 불리기도 했다.

사실 이 시기 로손에는 다양한 외관을 가진 점포가 있었다. 예를 들어 앞선 예로 든 효고현 아와지시마의 「시니어 친화적인 로손」은 간판부분이 브라운이고 하얀색 문자의 「LAWSON」 로고 절반이 하늘을 향해 있었다. 이는 색조를 억제하고 친화성을 표현한 것이다. 이런 생각으로 로고를 보게 되면 하늘로 향한 절반 정도의 로고가 하늘의 파란색을 배경으로 떠오르는 디자인이라는 느낌을 갖게된다. 동 점포의 바로 옆에는 해수욕장이 있다고 한다. 해수욕객은 새파란 하늘과 대지를 생각하게 하는 거실에 비춰진 새하얀 「LAWSON」 로고를 보면서 편의점을 방문할 것이다.

또한 통일된 것처럼 보였던 「오렌지 로손」도 신선식료품 취급을 어필하지 않아도 될정도로 소비자에게 인지된 시점인 2년 정도 활약 후 종료되었다. 현재는 알기 쉽게 「신선식료품 강화형 로손」으로 불리고 있으며, 전국 로손의 절반을 차지할 정도로 늘어났다.

패밀리마트의 「어른 편의점 연구소」

2000년대 세븐일레븐이 니치이학관과 협력하여 개호서비스 분야로 진출을 시도하던 시기에 패밀리마트는 각 지역의 방문 개호기업과의 협력을 기초로 점포를 활용한 지원책을 모색하고 있었다.

2007년에 방문 개호업계 최대기업인 콤슨이 개호보수를 부정하게 청구한 사건이 발생했다. 패밀리마트는 콤슨과 관계없이 개호서비스를 제공하는 여타 기업과 제휴하여 개호식 배달, 공공요금 지불 대행 및 떨어져 사는 아이들과의 안부연락 등의 서비스를 지속 제공해 나가겠다고 발표했다.

이 때 콤슨의 개호 사업을 잇는 기업 후보로 대규모 외식 체인 와타미가 있었다. 동 사는 이미 개호사업에 진출한 상태였으며 개호회사를 매수한 실적도 있었다. 콤슨 사업부문의 인수는 의도대로 진행되지 않았지만 다음 해 와타미는 택배 도시락 회사를 매수하고 현재는 '와타미탁쇼쿠'라는 이름의 회사로 배식 서비스를 제공하고 있다. 와타미탁쇼쿠는 세븐 밀 서비스보다도 높은 수준의 서비스를 제공했다.

패밀리마트도 2012년에 도시락 택배회사의 매수를 발표했다. 매수된 회사는 전국에 300곳 이상의 거점을 두고 고령자 대상 전문 배식 서비스를 제공해 왔다. 배식 서비스의 택배 시스템을 계승한 점에서는 와타미와 유사하고, 편의점의 상품 등도 동시에 택배한다는 점에서는 세븐 밀과 유사하는 등 각각의 장점을 조합했다 할 수 있다. 또한, 패밀리마트가 2010년 오사카에서 마이니찌신문사와 공동으로 한 택배에서는 고령자만을 타겟으로 하지는 않았다. 도시지역 오피스에서 일하는 사람을 대상으로 서비스를 개시했다.

도시지역에서는 멋진 장소는 늘어나도 일상의 음식 및 생활용품을 조달할 수 있는 점포는 줄고 있다. 「쇼핑에 불편을 느끼는 사람들」에 대한 지원이라는 점에서는 앞서 언급한 세븐 밀 서비스와 동일하다. 2010년에 패밀리마트는 「어른 편의점 연구소」를 설립하고 이른바 "액티브 시니어"를 「어른」으로 바꾸어 상품의 개발, 엔터테인먼트에의 지원을 시작했다. 2011년에는 그 기반이 되는 편의점 점포까지 개발했다. 물품구비가 「어른」 세대 대상이라는 점뿐만 아니라 푸조나무로 만든 바닥에 목제 상품진열대를 도입하는 등 전반적인 점포내장 변화를 통해 차분함을 표현하고 있다. 이는 편의점이 단기간에 개호 측면으로 접근하는 것보다 우선은 건강한 고령자가 이용하기 쉬운 상품 및 서비스를 개발하여 고령자의 신뢰를 얻으려는 것으로 이해된다.

「전구 1개도 교환」하는 출장 서비스

내각부가 실시한 「고령자 주택과 생활환경에 관한 의식조사」에서 지역에서 불편을 느끼는 것으로 가장 많은 고령자가 응답한 것이 「일상적인 쇼핑」이다. 게다가 이러한 불편을 느끼는 고령자의 비율은 매년 높아지고 있다.(도표 2-10)

전술한 것처럼 편의점이 시행하고 있는 택배 서비스 및 배식 서비스도 고령자의 쇼핑 및 식사 만들기를 지원하기 위함이다. 그러나, 실제로 이용하는 고객은 고령자에 한정되지 않았다. 고령자의 이용 비율이 높기는 하지만 그만큼 고령자의 인구가 증가하고 있으며 무엇보다도 서비스를 이용하는 이유가 고령이기 때문만은 아니다. 이러한 사

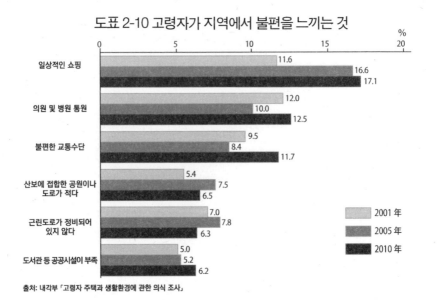

도표 2-10 고령자가 지역에서 불편을 느끼는 것

일상적인 쇼핑: 11.6 / 16.6 / 17.1

의원 및 병원 통원: 12.0 / 10.0 / 12.5

불편한 교통수단: 9.5 / 8.4 / 11.7

산보에 적합한 공원이나 도로가 적다: 5.4 / 7.5 / 6.5

근린도로가 정비되어 있지 않다: 7.0 / 7.8 / 6.3

도서관 등 공공시설이 부족: 5.0 / 5.2 / 6.2

2001 年
2005 年
2010 年

출처: 내각부 「고령자 주택과 생활환경에 관한 의식 조사」

실은 도표 2-8에서도 확인할 수 있다.

유사한 현상을 홈센타 및 가전전문점에서 상품을 구입한 사람의 자택으로 상품의 부착 및 교환서비스를 제공하는 「출장 서비스」에서도 볼 수 있다. 예를 들어 홈센터 최대 업체인 카인즈는 「전구 1개 교환부터 소형 수납고 조립까지 출장 서비스를 제공합니다」는 슬로건을 내걸고 있다.

통상 전구의 교환 정도는 누구나 손쉽게 할 수 있다. 몸을 펴서 손을 뻗는다든지 사다리를 사용할 수 없을 때에는 예전에는 근처에 사는 사람들에게 부탁하곤 했다. 그러나 고령의 「한 분」이 증가한 현재, 아무리 조그마한 것이라도 부탁할 수 있는 사람이 근처에 줄어들고 있다. 카인즈도 고령사회를 감안하여 출장서비스를 도입했다. 당초는 판매 상품을 위한 부가 서비스의 일환이었지만 한 번 서비스를 부탁한 사람은 거의 대부분 고객이 될 정도로 호평을 받았으며 2012년에는 출장서비스만으로 채산성을 확보할 수 있게 되었다. 서비스 요금은 사람이 자택까지 가는 것을 생각하면 비싼 편은 아니다. 전구 및 형광등 교환은 3개까지 1,200엔, 수도꼭지 교환은 4,500엔 정도이다. 욕조 샤워 부착 수도꼭지, 인터폰 등과 같이「부착」을 조건으로 구입량이 증가한 상품도 있다.

배수구멍 교체 등은 조금이나마 요령이 필요하기 때문에 카인즈의 점두에서 실연하기도 한다. 홈센터의 핵심은 DIY(Do it yourself)이다. 점포는 재료를 판매하고 구입자가 스스로 만드는 것이 본래의 모습일 것이다. 그런데 돈을 지불하면 업체가 설치해 주는 서비스를 선호하는 사람들이 의외로 많다. 연령 및 성별 만으로 판단할 수 있는 것도 아니다. 고령이 되어도 스스로 무엇이든 수선하는 사람도 있고 여성 중에도 목수일이 취미인 사람도 있다.

이러한 출장 서비스를 이용하는 이유는 고령으로 인해「스스로 할 수 없다」는 이유 뿐만이 아니라「프로에게 맡기는 것이 안심」,「바쁘다」,「귀찮다」,「도구를 가지고 있지 않다」등 다양하다.

고령자는「약자」인가?

고령자라고 하면 병에 걸리지 않아도 신체의 움직임이 부자유스러워 생활의 많은 면에서 도움이 필요한 사람이라고 생각하기 쉽다. 일상생활을 영위하는 가운데 쇼핑에 불편을 느끼는 사람을 「쇼핑 약자」, 생활전반에 곤란을 느끼는 사람을 「생활 약자」라는 시각도 있지만, 후생노동성이 정의하는 「약자」는 60세 이상의 고령자이다.

평균수명이 연장되고 있는 지금, 60세 내지 65세 이상을 고령자라고 하면 인생의 약 3분의 1을 고령자로 지내는 셈이 된다. 또한 고령자를 약자라고 간주하면 너무나도 긴 기간을 약자로 지내야 한다는 셈이 된다. 그러나 65세를 넘어서도 건강하게 일하고 있는 사람도 많이 있다. 자원봉사 활동 등 사회공헌에 열심히 종사하는 사람도 적지 않다. 나이가 들어감에 따라 사회 및 지역에 공헌하고 싶다는 기분을 가지게 된 사람들은 약자라기 보다 오히려 활용해야 할 "인적 자원"이라 불러야 할 것이다.

「65세는 고령자가 아니다」라고 공연히 발언하는 사람도 늘고 있다. 일본의 사회보장제도는 65세 이상을 그 아래 세대가 떠받치는 구조로 되어있기 때문에 지속적으로 증가하는 고령자에 대한 대응방안으로 고령자 연령을 높여야 한다는 의도도 있다.

그 이상으로 고령자에 대해 갖는 이미지에 어울리지 않은 "액티브 시니어"가 늘어나고 있다고 느끼는 사람도 많을 터이다. 「몇 세부터가 고령자인가?」라는 설문을 받기도 하는데, 단지 연령을 기준으로 일률적으로 구분하는 것도 합리적이지 못하다. 이는 편의점 및 홈센터 등이 고령자를 타겟으로 시작한 서비스를 이용하는 사람이 반드시 고령자에 한정되지 않는다는 점에서도 알 수 있다. 한편으로 편의점 등의 서비스를 제공받는 사람은 연령에 관계없이 「약자」인가라고 묻는다면 그렇다고 보기 어렵다는 대답으로 이어진다. 그 중에서는 도움이 필요하다기 보다 편리하기 때문에 이용하는 사람도 있다. 정말로 도움이 필요하지만 이러한 서비스의 존재를 알지 못한다든지 무언가의 이유로 이용하기 싫지 않다고 생각하는 사람도 있을 수 있다.

일반적으로 생각해서 「약자」가 눈에 보일 정도로 명확한 경우는 매우 드물고 환경에 따라 입장은 달라진다. 65세 이후를 일률적으로 고령자 = 약자로 간주하는 것도 현실에 부합하지 않지만 연령을 전혀 고려하지 않는 것도 현실적인 접근은 아니다.

[Column 2]

편의점과 일본의 식문화

「Column 1」에서 편의점 체인 스토어에는 직영방식, 볼런터리 방식, 프랜차이즈 방식이 있고 이들 비즈니스 모델은 미국에서 개발되었다는 것을 살펴보았다. 미국의 편의점은 슈퍼렉(소형 식료품점) + 소형 버라이어티스토어(저가격 잡화점) + 패스트푸드 서비스(짧은 시간에 제공되는 저가격 간편 식사 서비스) + 주유소가 조합된 점포로 기본적으로 점포에서 머무르는 시간은 2분 이내이다. 게다가 매출의 대부분을 주유소가 차지하고 점포 내에 비치된 상품은 내셔널 브랜드(NB)가 중심을 이룬다. 가장 매출이 높은 것은 담배이며, 패스트푸드의 매출 비중은 10%을 조금 넘는 정도다. 매출의 30%를 도시락 및 주먹밥, 조리빵, 반찬, 호빵, 오뎅, 후라이드치킨 등의 패스트후드가 차지하는 일본의 편의점과는 크게 다른 수입구조라 할 수 있다.

***

일본의 편의점은 식품 + 잡화 + 패스트후드의 조합과, 입점에서 퇴점까지 필요한 시간이 짧다는 점에서는 미국의 편의점과 유사하다. 하지만, 주유소 서비스와는 결별하고 일본인이 선호하는 패스트푸드(주먹밥, 히야시멘 등)를 각 체인의 독자상품으로 개발하여 비치한 점 등을 감안하면 일본은 독자적인 방식으로 편의점 업종을 확립해 왔다고 볼 수 있다. 특히 버블경제의 붕괴 이후인 1990년대에는 백화점 및 슈퍼마켓의 실적은 부진을 면치 못했지만, 편의점은 도시 지역 출점을 가속화하면서 실적을 개선시켰다. 일본의 독자적인 편의점이 도시에 거주 혹은 근무하는 사람들의 일상생활에 적합했기 때문이었다.

일본의 편의점 각 체인이 개발한 패스트푸드는 편의점마다의 독자적 제조법에 의한 오리지널상품으로, "편의점 식문화"라고 말할 수 있을 정도다. 하지만 그 대부분은 상당히 오래된 기원을 가지고 있다. 예를 들어 오뎅은 원래 막대기로 연결해서 구운 두부 및 대친 곤약에 단맛을 가미한 「전략」이었지만 손이 많이 가기 때문에 즙을 입혀서 조리하게 되었다고 한다. 전승요리 연구가인 오쿠무라 씨에 의하면 많은 찌개요리가 농촌 및 어촌에서 그 토지의 식재료를 끓이고 굽는 것에 비해, 오뎅은 간장 수프에 재료를 넣어 찌는 방식으로 오늘날과 같은 스타일이 형성된 것은 에도시대 말기(19세기 후반)라고 한다.

에도시대 에도거리는 당시 약 100만 명이 사는 세계에서도 유수의 대도시였다. 오뎅은 그 당시 도시 스타일을 반영한 패스트푸드였던 것이다. 각 지방에서 전해져 온 찌개요리가 슬로우푸드였던 것과는 대비되는 것이다. 에도시에서는 오뎅뿐만 아니라 「소바」, 「스시」, 「덴뿌라」 등도 탄생하였다. 모두 패스트푸드로서 고안된 것이다.

에도의 도시 아이들도 패스트푸드를 좋아했던 것이다.

에도의 오뎅은 나고야 및 오사카로 전파 및 발전되어 각각 「관동찌게」, 「관동구이」라고 불렸다. 이러한 관동풍의 오뎅을 북쪽으로는 홋카이도에서 남쪽으로는 오키나와까지 전국의 식문화에까지 확대시킨 것은 편의점이지 않을까 생각한다. 그 외에도 편의점이 한 지방의 식문화를 전국적으로 확산시킨 사례로 「에호마키」를 들수 있다. 에호마키도 에도시대 말기에 생겨나 간사이의 일부 지역에서 행해졌던 풍습이었다. 전국적으로 확산된 계기는 어느 편의점 체인이 2월 절분에 에호마키를 팔기 시작한 것이 전국의 점포로 퍼진 것으로 알려져 있다. 그 후 에호마키에 이어 「절분 소바」도 추가되었다.

이러한 「편의점 음식」이 일본인에서 받아들여진 배경에는 단순히 편리하다는 것뿐만 아니라 예를 들어 에도시대까지 거슬러 올라갈 정도로 옛날 식문화가 지금까지 이어져 내려왔기 때문일 수도 있다. 이러한 점에서 아시아에 진출해 있는 편의점이 제공하고 있는 식사는 당연히 일본의 편의점 식사 그대로는 아니고 각국의 식문화를 고려하여 개발된 것이다. 또한, 편의점 점포의 음식 제공 방법도 에도시대 거리에서의 음식 제공 방식을 계승하고 있다고 생각된다.

전술한 것과 같이 편의점 자체는 미국에서 고안된 점포형태이다. 그러나 미국에서의 편의점은 점포에서의 짧은 체류시간에 강점이 있지만, 일본의 편의점은 언제나 어디에서나 구입할 수 있다는 편리성에 중점이 놓여있다.

에도시대 서민이 일상의 쇼핑을 위해 이용한 것도 손쉬운 「행상」 및 「포장마차」였다. 행상도 포장마차도 이동식 간이 점포였기 때문에 그들은 사람들이 많이 모여있는 곳으로 나가서 장사를 했다. 편의점 점포는 이동하지는 않지만 대신에 많은 점포의 출점으로 사람들에게 다가가고 있는 것이다.

제3장

인터넷사회와 편의점

I. 편의점 서비스

시대와 함께 변화해 온 서비스

편의점에서는 필요한 물건을 구입할 수 있을 뿐만 아니라 공공요금 및 인터넷 쇼핑 대금을 지불하거나, 영화 및 콘서트 등의 표를 구매하거나, 점포에 설치된 ATM 및 복사기, 멀티미디어 단말기가 제공하는 서비스를 자유롭게 이용할 수 있다. 또한 물건 구입 후 정산 시에는 현금 이외에도 전자머니, 신용카드, 휴대폰 결제 등 다양한 결제수단 중 하나를 선택할 수 있다. 이러한 서비스는 편의점이 등장한 이후 시대와 함께 형태를 변화시키면서 다양해졌다.(도표 3-1)

시대와 함께 변화해 온 서비스를 살펴보기 위해 편의점 창업기부터 있었던 DPE(사진의 현상 및 인화)를 생각해 보자. 카메라의 주류가 필름에서 디지털로 바뀌자 DPE 서비스를 제공하는 편의점이 줄어들게 되었다. 그 대신, 디지털 카메라 사진을 프린트하는 서비스로「디지카메 프린트(점포의 멀티기능 복사기를 사용하여 즉석으로 프린트)」나「인터넷 프린트(인터넷으로 주문하고 수일 후 편의점 점포에서 수령」

도표 3-1 편의점의 신규 서비스 도입 과정

연대	단계		연도	서비스
70년대	창업기	심야 슈퍼에서 편의점으로 / 24시간영업화		DPE 취급 서비스(사진의 현상, 인화)
			81	택배 취급 서비스
			82	복사 서비스
80년대	보급기	보급기 정보시스템의 도입및정비 / POS도입 / 물류의 공동배송화	87	공공요금 수납대행 서비스
			89	생명보험료 수납대행 서비스
				FAX 정보 서비스
			90	배상책임보험 수납대행 서비스
			91	국내 항공권 취급
			92	여행 티켓 판매
			93	자동차 교습소 주선
			94	할부판매대금 수납대행 서비스
			95	통신판매대금 수납대행 서비스
			96	칼라 복사 서비스
90년대	성장기	보급기 정보시스템의 도입및정비 / 업계재편 / 신규OS도입 / ISDN 도입을 점가 속화와 출점지역 확대 / 위성통신		점포 상품 택배서비스
				멀티 미디어 단말기(MMK)의 설치
				우표 엽서류 판매
			97	온라인 티켓 발권 서비스
			98	클리닝 수취 대행서비스
			99	편의점 ATM 설치
				인터넷 쇼핑대금 수납 대행 서비스
				인터넷 구입상품의 점포 수취 서비스
			00	인터넷 쇼핑
		IT활용EC대응		다기능 복사 서비스
				인터넷 쿠폰 서비스
00년대	성숙기	출점수증가세둔화 / 점포서비스강화 / 퇴점릴롤케이트 / 비접촉IC카드대응 / 행정과의연계 / 소셜미디어활용	02	전자머니(Edy) 결제
				크레딧카드 발행
		광파이버통신		편의점 검진 서비스
			03	우편 포스트 설치
				스포츠 진흥 복권 취급
			04	증권거래 중계 서비스
			05	공공도서관 도서취급 대행 서비스
			06	휴대폰 결제 서비스
			07	가사 대행 서비스의 취급 대행
10년대	공헌기	CRM활용 / 공중무선LAN스팟화	09	카 쉐어링 취급 대행 서비스
				전기자동차(EV)충전기 설치
			10	행정 서비스의 취급 대행 서비스
			11	자전거 보험 취급 대행 서비스
				공중 무선 LAN 서비스
				국제 송금 서비스 입금 수취
			12	전화 통역 취급 대행 서비스

가 제공되었다. 이와 같이 점포 내 FAX 서비스도 한 때는 가정에 FAX 기능을 갖춘 전화기의 보급과 함께 쇠퇴했지만, 컴퓨터 보급과 함께 FAX기가 없는 가정이 늘어나면서 현재는 다기능복사기 서비스만 남아 있는 상황이 되었다.

규제완화로 편의점이 취급할 수 있게 된 서비스도 확대되었다. 예를 들어 ATM은 편의점 점포에 설치되기 전까지「편의점에 있으면 편리할 것 같은 서비스는?」이라는 질문에 가장 많은 소비자가 희망한 서비스였지만, 설치 장소, 대수, 가동시간 등에 제한이 있었다. 1990년대 후반부터 2000년대 초에 걸쳐 진행된「금융 빅뱅」으로 금융분야 규제완화가 시행되면서 은행 등이 선별적으로 편의점 점포에 ATM을 설치하는 사례가 증가했으며, 1990년대 말에는 편의점이 주도적으로 금융기관과 제휴하여 ATM설치가 가능하게 되었다.

은행 ATM에서 편의점 ATM으로

금융 빅뱅 이전부터 은행을 방문하는 사람의 약 70%는 ATM 이용이 목적이었다. 즉, 은행 창구에 들르지 않고 ATM만을 이용하고 돌아가는 사람이 대부분이었다. 이에 대해 은행은 비용절감을 위해 ATM 설치를 늘려왔다. 그런데 도시은행, 신탁은행, 제2지방은행, 신용금고, 신용조합 등의 각 금융기관은 1990년대 후반부터 2000년대 초반에 걸쳐서 ATM을 늘려왔지만 그 이후는 줄여왔다. 자사 ATM을 늘리는 전략에서 제휴 전략으로 전환한 것이다. 그 제휴처 중 한 곳이 편의점이었다. 은행이 자사 ATM을 늘리기 것 보다는 비용측면에서 유리하기 때문이다.

한편 편의점 입장에서는 많은 금융기관과의 제휴는 방문객의 편의성을 높을 수 있다는 장점이 있다. 편의점 ATM도 다양하다. 이전에는 사쿠라은행(현 미츠비시스 미토모 은행)이 AM/PM(패미리마트에 합병) 점포에 설치한 「@BANK」와 같이 특정 은행과 편의점 체인이 제휴하여 독자적으로 ATM을 설치하였다. 그러나 현재는 ATM 운영회사 혹은 은행에 의한 관리가 일반적이다.(도표 3-2a)

도표 3-2a 편의점 ATM의 종류

	기업명		설립년월 (서비스 개시)	주요 출자기업	주요 설치 장소	설치 대수
A T M 운 영 회 사	이넷트	ㅌnet	1999년 9월 (동년 10월)	편의점 9개 사, 일본 IBM	패밀리마트 서클 K산크스 미니스톱	약 12,000
	로손 에이티엠 네트워크	ATM	2001년 5월 (동년 10월)	로손	로손 돈키호테	약 1만 대
	제로 네트워크	ZERO BANK BankTime	2004년 10월 (2005년 3월)	서클K 산크스	서클K산크스	약 5,000대
금 융 기 관	세븐은행	BANK	2001년 4월 (동년 5월)	세븐 일레븐	세븐 일레븐 이토요카도 역, 공항	약 18,000 대
	이온은행	AEON Bank	2006년 5월 (2007년 10월)	이온	이온계열 슈퍼 미니스톱	약 2,000 대

ATM 운영과 관련, 복수의 편의점 체인과 복수의 금융기관이 제휴하는 경우와 단일 편의점 체인이 복수 금융기관과 제휴하는 경우가 있다. 전자의 이넷트는 당초 패밀리마트, 서클K산크스, 미니스톱, 쓰리에프, 현재는 뽀쁘라, 세브온, 데일리 야마자키, 세이코마트가 더해져

서 9개 체인이 참가하고 있다. 후자에는 로손을 중심으로 ATM을 설치한 로손 STM 네트워크스(LANS) 및 서클K산크스가 있다.

은행을 직접 설립한 체인은 대규모 소매업 세븐 앤드 아이 그룹과 이온그룹이다. 전자의 세븐은행(구 IY뱅크)은 세븐일레븐 등의 점포에 설치한 ATM에 의한 결제 서비스를 주요 사업으로 하는 특수 은행으로 설립되었으며, 현재 가장 많은 수의 편의점 ATM을 보유하고 있다. 후자인 이온은행은 ATM사업과 병행하여 이온계 쇼핑센터(SC) 등에 인스토어 브랜치를 설치하고 일반적인 은행처럼 대면 서비스 제공에도 힘쓰고 있다.

도표 3-2a에서 알 수 있듯이 서클K산크스 및 미니스톱과 같이 복수 편의점 ATM을 도입하고 있는 체인도 있는데 이는 다소 복잡하게 구성되어 있다. 그러나 ATM의 설치 대수로 보면 이미 여타 금융기관을 제치고 편의점 ATM이 가장 많아졌다.(도표 3-2b)

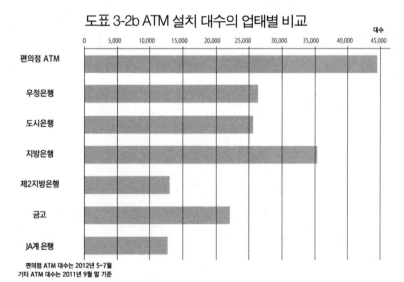

도표 3-2b ATM 설치 대수의 업태별 비교

편의점 ATM 대수는 2012년 5~7월
기타 ATM 대수는 2011년 9월 말 기준

편의점 점포는 ATM 이용 시에도 신뢰할 수 있는 존재가 되었다고 할 수 있다. 다만 최근에는 편의점 점포 이외의 상업시설, 역이나 공항 등에서도 편의점 ATM을 쉽게 찾아볼 수 있게 되었다.

편의점 특유의 서비스

편의점이 제공하는 서비스는 다양하지만 택배 우편물 수취 및 복사 서비스, 전술한 ATM만 해도 편의점 이외의 점포에서도 이용할 수가 있다. 여타 점포(업태)에는 없는 편의점 특유의 서비스라고 하면 우선 공공요금 및 인터넷 쇼핑 등의 대금 수납대행 서비스를 들 수 있다. 물론 공공요금 지불에는 계좌 자동이체가 있고 인터넷 쇼핑에는 대금지불(택배로 상품을 수취할 때 대금을 지불하는 방법으로 통상은 송료 이외의 수수료가 필요), 은행 입금(우체국 입금), 신용카드 결제 등 다양한 결제수단이 있어 편의점 점포 지불(편의점 결제)은 이 중 하나의 선택지에 불과하지만 이용자가 많다는 점에서 사용하기 편리한 결제수단인 것은 틀림없다.

실제로 편의점이 취급하는 공공요금 등의 대행수납액은 매년 증가하고 있다. 편의점 상위 4개 체인의 연간 수납액은 약 8조 엔에 달해 편의점 상위 10개 체인의 매출액에 필적할 정도이다. 편의점은 "거대한 대행 수납머신"이기도 한 것이다. 예를 들어 자동차세의 편의점 수납을 시작한 지자체가 늘고 있으며 수납기간 내 수납율이 그 이전보다 개선된 곳도 많다. 생각날 때 바로 근처 편의점에 가 지불할 수 있는 편리함으로 깜빡하고 납기를 놓치는 일이 줄어든 것이다.

또한, 인터넷 쇼핑에서 가장 자주 사용되는 결제수단은 신용카드이지만 그 뒤를 교환 시 지불과 편의점 지불이 잇고 있다. 처음 사용하는 인터넷 쇼핑의 경우는 반대로 신용카드보다 편의점 지불을 선택하는 경우가 많다. 앞 장에서 살펴보았듯이 편의점 점포에 진열할 수 있는 상품은 제한적이기 때문에 편의점 점포에서의 대금 지불이 통상의 교환 시 대금지불보다 배송료 및 수수료가 들지 않는 경우가 많다.(도표 3-3)

한편 편의점은 인터넷 쇼핑에 의한 대금 수납을 대행하거나 인터넷 구입상품을 점포에서 인도하는 서비스를 제공하여 수수료수입을 얻을 수 있다.

리얼 점포와 버추얼 점포

원래 편의점 각 체인은 독자적으로 인터넷 쇼핑에 진출하여 점포에 설치한 ATM과 MMK(멀티미디어 단말기)의 두 가지를 연동시킨「편의점 EC(전자상거래)」라고 하는 독특한 구상을 그리고 있었다.

인터넷쇼핑은 인터넷 상에 개설된 사이트에서 구매하는 것이기 때문에 현실 세계에 있는 리얼 점포에 비해, 가상 세계에 있다는 의미에서 버추얼점포라고 한다.

편의점 입장에서는 타사가 추진하는 인터넷 쇼핑의 대금수납 및 상품 인도를 대행하는 것만으로는 수수료 수입이 작기 때문에, 자사 제품 판매가 유리하다. 게다가 이제까지 매장의 공간적 제약으로 취급할 수 없었던 상품도 취급할 수가 있다. 즉, 버추얼 점포에는 리얼 점포와 같이 장소라는 제약이 없다. 토지 및 건물 등의 점포 비용도 들

도표 3-3 주요 편의점 수취 서비스

운영기업	편의점 점포 수취 Case				택배 Case	
	수취가능 편의점	송료	지불방법	수취 가능 기준	송료	지불방법
세븐일레븐 네트	세븐일레븐	무료	상품 수취시 지불	모두	-	-
세븐밀				택배만	120엔 500엔 이상시 무료	구좌 인출
세븐네트쇼핑				3변 합계 100센티이하	300엔 1,500엔 이상 무료	점포 지불, 신용카드, 구좌이체
엘파카	로손	570엔	신용카드, 편의점 지불, 인터넷 은행 등	LP 및 대형 BOX 세트 불가	368엔 2,500엔 이상 무료	대행지불(315엔), 신용카드 편의점 지불, 인터넷 은행 등
Amazon.co.jp		무료	상품인도(315엔), 신용카드, 편의점 지불 등	합계 30만엔 미만	통상 무료, 일시 지정 유료	대행지불(315엔), 신용카드 편의점 지불 등
파마마.com	패밀리마트	무료(비회원 300엔)	상품 수취시 지불, 신용카드, 포인트	3변 합계 100cm 및 10kg 이하, 냉동 및 냉장 불가	350엔 5000엔 이상 무료	대행지불(315엔), 신용카드, 포인트 등
카루와자온라인	서클K산크스	무료	상품 수취시 지불, 신용카드, 포인트	30만엔 이내 대형상품 불가	350엔 5000엔 이상 무료	대행지불(315엔), 신용카드, 온라인 결제 등
락텐 북스	패밀리마트 서클K산크스 미니스톱	무료	상품인도(260엔) 신용카드 (패밀리마트 만)	합계 10만엔 미만	무료	대행지불(260엔), 신용카드, 포인트 등
네트오프		송료 300엔 1500엔 이상 무료	상품인도(450엔)		300엔 1500엔 이상 무료	대행지불(315엔), 신용카드, T포인트 등
독터실라보		무료	신용카드, 편의점 지불	주문 개수 7개 미만, 5만엔 미만	525엔 3150엔 이상 무료	편의점 지불, 대행지불(무료), Edy 등
디노스온라인숍	패밀리마트 서클K산크스 미니스톱 / 커뮤니티스토어 쓰리에프	무료	상품인도, 신용카드 / 상품인도	소형포장 5만엔 미만 냉장, 냉동 불가	소형포장 350엔~중 850엔, 대 1300엔 특대 1900엔	신용카드, 구좌지불, 대행지불(무료), 상품권
세실온라인숍	패밀리마트 서클K산크스 미니스톱 쓰리에프	무료	상품인도	소형포장 10kg미만	350엔 5000엔 이상 무료	신용카드 편의점 지불 대행지불(무료) 등

지 않을 뿐만 아니라 상품도 무한히 취급할 수 있다. 점포를 방문하기 위해서는 인터넷에 접속만 하면 되고 남은 것은 클릭하는 것 뿐이다.

이전에도 리얼 점포 없이 상품을 판매하는 방법은 있었다. 카달로그 등을 사용한 통신판매, 텔레비전에서 상품을 소개해서 판매하는 텔레비전 쇼핑 등이다. 소매업계에서는 무점포 판매방식이라고 한다. 종래형 무점포 판매방식에도 장소라는 제약은 없었지만 취급 상품은 유한하다. 카달로그를 두껍게 한다든지 텔레비전의 방영시간을 연장한다든지 하면 그 만큼 비용이 발생하기 때문에 어딘가에서는 제약된다. 리얼 점포에 매장의 면적 및 상품 진열량에 한계가 있는 것과 동일한 것이다.

특히, 편의점 점포는 소매점포 가운데서도 매우 작고 매장이 한정되어 있기 때문에「잘 팔리는 상품」에 집중하거나 팔리지 않은 상품의 교체를 서둘러야 한다. 그러나 인터넷공간일 경우 카달로그의 두께, 텔레비전의 방영시간, 매장의 면적 등의 제한을 받지 않는다.

리얼 점포를 가지고 있는 소매업에게 인터넷 상의 버추얼 점포는 이제까지 취급하기 싫어도 취급할 수 없었던 상품을 취급할 수 있는 기회로 여겨졌다. 또한, 모처럼 버추얼 점포를 오픈하게 된다면 기존 리얼 점포와의 시너지효과를 통해 좀 더 많은 고객을 유도할 필요가 있었다. 편의점뿐만 아니라 리얼 점포를 보유하면서 버추얼 점포를 개설한 소매업자에게 "리얼과 버추얼의 융합"은 중요한 과제이다. 편의점 업계는 "리얼과 버추얼의 융합" 방법으로 점포에 설치한 ATM 및 MMK를 활용하고자 했다. 10년 전까지만 해도 점포에 ATM과

MMK 양쪽을 설치한 것은 편의점이 유일했다. 그것만으로도 「편의점 EC(전자상거래)」는 독특한 방식이라고 할 수 있다.

「편의점 EC」의 구상

편의점 각 체인은 치열한 경쟁을 통해 리얼 점포를 출점해 왔다. 가능한 사람들의 근처에 입지하여 생각날 때 "언제나 어디서나" 이용할 수 있도록 하기 위해서이다. 리얼 점포 수는 전국에 4만 점을 상회하였다. 실제로 도시지역에 거주하는 사람이라면 반경 500미터 내에 여러 개의 편의점이 있다는 것을 알 수 있을 것이다.

그러나 아무리 가까운 곳에 있어도 리얼 점포에 가기 위해서는 외출하지 않으면 안 된다. 집에 있으면서 방문할 수 있는 버추얼 점포가 사람들에게는 더 가까운 존재일 수 있다. 인터넷에 접속할 수 있는 환경은 집 안에 한정되지 않는다. 스마트폰 보급을 기다릴 필요도 없고 휴대전화만으로도 1990년대 말부터는 인터넷에 접속할 수 있게 되었다.

인터넷에 접속할 수 있는 모바일 단말기는 말 그대로 "언제나 어디서나" 버추얼 점포로 통하는 통로다. 10년 이상 전 편의점이 독자적인 EC 구상을 그렸던 때는 20%에 불과했지만, 지금 일본의 인터넷 보급률은 약 80%까지 급증했다.

인터넷 이용목적도 전자 메일 및 정보 입수가 대부분으로 쇼핑은 그렇게 높지 않았다. 총무처 가계조사에서도 세대의 소비지출에서 인터넷 쇼핑이 차지하는 비율이 당시에는 1%에도 미치지 못했다. 수년

사이에 급증한 인터넷 보급을 배경으로 인터넷 쇼핑의 지출액은 수배로 증가했지만 당시 인터넷 쇼핑으로 이용되었던 단말기는 컴퓨터가 주였으며 모바일(휴대폰)은 일부에 불과했다.

편의점도 "언제나 어디서나"의 시간적 편리성을 제공해 왔기 때문에 모바일 단말기와의 조합은 효과적이다. 모바일 단말기의 특징은 "이동성(모빌리티)"이다. 예를 들어 휴대폰을 통해서 쿠폰 및 정보를 전달해도 집 밖에 있다면 결국은 근처 편의점에 들르기 쉬울 것이다. 점포에는 편의점 MMK가 설치되어 있어 티켓, 여행상품, 음악 및 게임소프트, 사진 서비스, 차 관련상품 및 캐릭터 등 다양한 콘텐츠를 판매하고 있다. MMK는 인터넷에 익숙하지 않은 사람들도 간단히 조작할 수 있다. 또한 인터넷상에서 신용카드로 결제하는 것에 불안을 느끼는 사람들에게는 편의점 결재 방법이 준비되어 있다. 점포에는 ATM도 있기 때문에 현금을 인출하여 지불하는 것도 가능하다.

각 체인이 독자적으로 개설한 버추얼 점포는 점포의 MMK와 연동하여 미리 주문한 상품/서비스의 양도 및 대금지불에 활용되고 있다. 모바일 단말기, MMK, ATM, 버추얼 점포는 각각 개별적으로도 이용할 수 있지만 점포와 연결되어 사용되면 「편의점 EC」가 된다.

편의점 MMK의 변천

「편의점 EC」와 관련, 점포와의 연계방식은 각 체인의 접근법에 따라 다양하다. 전술한 ATM의 운영방식에도 다양한 형태가 있는 것처럼 MMK 기능도 각 체인에 따라 다양하다. 게다가 세븐일레븐, 서클K

산크스, 미니스톱의 각 체인은 MMK를 도입했지만 도중에 단념했다. 당시 1대당 100~200만 엔 정도로 알려진 MMK는 매우 고가였다. 점포 도입에 드는 비용에 비해 얻어지는 효과는 불확실하다고 판단한 체인이 많았기 때문이다.

이미 전 점포에 도입한 로손의 MMK 「Loopi」는 매출의 60%가 티켓 판매(로손 티켓)에서 발생했다. 무한히 상품을 취급할 수 있고 무엇이든 팔 수 있다고는 해도 실제로 무엇이든 팔리는 것은 아니었다. 그 가운데 편의점과 호환성이 좋은 상품 및 서비스 분야가 엔터테인먼트였다. 지금도 로손계 「엘파카」, 패밀리마트계 「패미마.com」, 서클K 산크스계 「가루와자 온라인」의 각 인터넷 쇼핑에서는 엔터테인먼트가 가장 인기가 높다.

MMK에 대해서도 서클K산크스가 새롭게 2000년대 후반에 MMK 「카루와자 스테이션」을 도입했다. 도입될 당시에는 전자머니를 활용한 동 체인의 회원제도 「카루와자 클래스」의 포인트 부여 교환기와 같은 것이었지만 그 후에 티켓 발권 등 편의점 결제 등의 기능이 부가되었다.

또한 미니스톱은 2012년에 이온과 로손이 엔터테인먼트 분야에서 협력한 것을 계기로 로손의 MMK 「Loppi」를 전 점포를 대상으로 도입했다. 이온그룹의 이온 시네마즈는 시네마 콤플렉스를 전개했다. 영화를 테마로 공동 캠페인을 진행해, 미니스톱 점포에서도 MMK를 통해 티켓 발권 및 캐릭터상품 등을 판매했다. 초기 MMK를 단념한 체인이 새롭게 도입을 추진한 배경에는 편의점 점포 이외의 장소를 포함하여 MMK를 본 적이 있거나 사용하거나 하는 체험기회를 늘리는 것, 그러한 보급을 통해 MMK 본체 자체의 가격이 하락한 것 등을 생각해 볼 수 있다.

편의점에게는 당초에 그렸던 것처럼 인터넷과 연동하여 무엇이든 팔 수 있게 되지는 않았지만 MMK를 통하여 서비스 상품의 신청, 지불, 수취 등의 작업의 공통화가 가능해진 것은 큰 이점이었다. 계산대 점포 점원의 작업부담을 과중하지 않고 서비스 상품을 늘릴 수 있는 것도 MMK의 큰 장점이었다.

플랫폼화하는 편의점

「편의점 EC」 구상은 각 체인 별로 상이했던 모습이 시간이 지나면서 독자성이 옅어졌으며, 이와 동시에 편의점 최대의 장점인 점포 네트워크가 발휘되기 시작했다. 편의점 점포 네트워크는 단순히 점포의 수가 많다는 것만을 의미하는 것은 아니다. 많은 점포는 정보시스템과 물류시스템의 양 바퀴로 지탱되고 본사, 지역사무소, 물류센터 등과도 유기적으로 연결되어 있다. 정보시스템도 물류시스템도 IT 발달에 의해 유지되고 있다.

예를 들어 전술한 편의점 ATM 및 편의점 MMK도 점포 계산대 위에 설치되어 있는 POS(판매시점 정보관리)와 같이 정보시스템에 의해 관리되고 있지만 현재는 고속대용량 네트워크로 동영상 및 음성을 발신하거나 현장에서 바로 티켓을 발권할 수 있게 되었다. 초기 편의점 점포에 도입된 MMK는 콘텐트를 매주 CD로 교체했었다는 점을 생각하면 IT의 진화가 더욱 실감나게 느껴진다.

원래, 「편의점 EC」 구상도 IT 발전을 전제로 그려진 것이다. 현실화되지 못한 방식도 많이 있기 때문에 여기에서는 자세히 언급하지는 않기로 한다. 이 시기 "독이어(dog year)"라든지 "마우스이어(mouse year)"라는 말도 자주 들렸다. 인간에 비해 성장하는(나이를 먹는) 속도가 빠른 개와 쥐에 IT 발전속도를 비견해서 말한 것이다. 그 정도로 IT에 의한 혁신과 그것에 의해 발생한 사회생활의 변화는 급격한 것이었다. 그러나 IT를 조종하는 것은 인간이다. 동물에는 각각 고유의 시간 흐름이 있다. 이노베이션이 발생해도 인간의 고유한 시간이 여타 동물의 그것으로 대체되는 일은 없다.

피터 드러커의 저작 가운데 인터넷이 세계적으로 보급된 것은 컴퓨터가 발명된 지 50년 후의 일이라는 부분이 있다. 그것은 15세기에 활판인쇄술이 발명된 후 루터의 종교개혁이 일어나기까지 50년, 18세기에 증기기관이 발명된 이후 산업혁명이 일어날 때까지 50년으로 필요한 시간은 동일하다.

교통기관의 발달이라든지 생산의 기계화 등에 의해 사회변화의 속도는 매우 빨라졌다고 느껴지지만 인간이 생각하거나 받아들이거나 음미하는데 필요한 시간은 사실 크게 변하지 않았다고 생각된다. 인터넷사회에서 편의점이 수행하는 역할도 사람들이 수용하고 음미하는 시간이 필요한 것이다.

예를 들어 최근에 제공되기 시작한 서비스로서 행정서비스 및 가사대행 서비스의 중개, 자동차 공유 및 자동차대상 보험의 취급, EV 충전기 설치 등이 논의되고 있다. 각각의 서비스는 편의점 각 체인이 주체적으로 시행하는 것 보다는 각 서비스 사업자(지자체)가 편의점의 시스템을 활용하여 제공하는 것이다. 이른바 편의점 점포의 플랫폼(인프라 기반)화가 진전되고 있는 것이다.

편의점의 지역 특화 서비스

많은 서비스 사업자(지자체)가 편의점을 플랫폼으로 이용하고 있는 것은 단순히 편의점의 시스템이 진화되었기 때문만은 아니다. 편의점 점포 수가 많고 비교적 사람이 모이기 쉬운 장소이고 여러 가지 이유로 방문하는 사람도 많기 때문이다. 이러한 장소에 요구되는 서비스를 모아 두면 이용하기 편할 것이다.

플랫폼이라고 하면 통상적으로는 IT세계에서 사용되는 용어로 예를 들어 인터넷 쇼핑에서는 락쿠텐「락쿠텐시장」및 아마존「amazon.co.jp」, 스마트 디바이스「스마트폰 및 태블릿단말기」에서의 구글「android」및 애플「IOS」, 소셜게임에서의 그리「GREE」및 DENA「모바게」등이 연상된다.

목적 및 이용 상황에 따라 각각의 플랫폼에는 많은 사람들과 서비스가 모여 왕래하고 있다. 편의점 점포에서도 많은 사람과 서비스가 왕래하고 있다. 가장 큰 특징은 그것이 실제로 존재하고 있다는 점이다. 사람과 열차가 교차하는 역 플랫폼과 같이 실재로 존재하고 각각의 점포는 별개의 장소에 입지해 있고 상이한 방법으로 이용되고 있다.

같은 플랫폼에서도 장소(지역)라는 요소가 가미되어 사람과 서비스의 조합법이 상이하다면 그 지역에 한정된 서비스 제공도 가능하다. 예를 들어 지역 활성화 및 만남의 장 제공을 목적으로 하는 거리를 염두에 둔 콘바인 이벤트인 「거리 콘서트」가 있을 수 있다. 이러한 발상에서 시작된 군마현의 「궁 콘서트」 티켓은 로손 티켓에서 실제로 판매된 적이 있으며, 거리콘서트 장소(음식점 등) 안내도 및 관련 상품 등의 판매로 지역 편의점 점포를 이용할 수 있는 여지는 충분히 있다고 생각된다.

또한 지바현 마츠도시의 라면가게를 소개하는 「마츠도 라면 맵」이 세븐일레븐 점포의 멀티 복사기의 인터넷 프린터 서비스를 사용하여 발행된 적도 있다. 지역 미디어(정보지 및 팜플렛 등)를 저비용으로 계속(갱신하여) 발신하기 위해 편의점 서비스를 이용한 것이다.

거리 걷기나 산책을 취미로 하는 사람도 많지만 훌쩍 떠나 들른 거리의 편의점에서 추천 정보 맵이 필요할 때 바로 얻을 수 있다면 좋지 않을까? 온디맨드라면 낮은 비용으로 그 때 그 때 이벤트 등에 관련한 특전을 부여하는 것도 간단하다. 조금 넓은 지역에서는 렌탈 자전거 등이 준비된다면 더욱 편리할 것이다. 이에 더해 음료 및 간식 등만 갖춰진다면 당장에라도 출발할 수 있게 된다. 지역의 생활자 대상으로 자동차 공유 및 자전거 공유 서비스가 이미 시작되었다. 지역에 따라서는 편의점 점포도 활용되고 있다.

실제로 장소의 확보가 수반되는 서비스는 각 지역의 실정 및 니즈에 의해 필요여부 및 가능여부가 결정되겠지만 지역적 특성이 있고, 물건의 수취 및 양도가 필요한 서비스는 편의점이라는 플랫폼의 활용가치가 필요할 것이다.

편의점 각 체인은 지역과 연계하고 지역 식자재를 활용한 지역상품을 개발하고 있다. 지역서비스 제공 차원에서도 편의점이 일종의 플랫폼으로 활용될 수 있다.

2. 편의점의 커뮤니케이션

포인트 서비스의 목적

쇼핑 할 때,「포인트 카드 가지고 계신가요?」라고 점포 점원이 묻는 경우가 있다. 그러고보니 어느 신문 투고란에서「꼬치 꼬치 캐물어서 불쾌하다」라는 의견을 본 적이 있다. 그리고 그 수일 후에「그렇게 말하지 말고 포인트를 이용하면 저렴하게 쇼핑할 수 있어요. 저는 그렇게 하고 있습니다」라는 반대 의견이 신문에 개재되기도 했다. 포인트 서비스를 도입한 기업 및 점포가 많아지면서 이러한 서비스를 이용하는 사람들도 많아졌다. 이전에는 회원등록하면 카드 및 회원증이 발행되기 때문에 별 생각없이 권유받는 대로 회원이 되면 순식간에 지갑이 카드로 가득 차 버리는 경험을 한 사람도 많을 것이다. 최근은 일체형 전자머니나 복수 기업에 의한 공통 포인트 등을 이용함에 따라 점포 수만큼 카드를 만드는 일은 없어졌다. 또한, 통신판매 및 인터넷 쇼핑 등의 포인트 서비스의 경우에는 카드가 필요 없다.

현명하게 사용하고 있는 사람일수록 몇 개의 포인트 서비스를 사용처에 따라 나누어서 사용하고 있다. 쌓인 포인트는 다음 쇼핑대금의 지불에 충당하거나 상품 및 상품권 등으로 교환하거나 또는 타사 포인트 서비스와 연동하여 포인트 교환이 가능한 서비스를 이용한다. 특히, 항공회사 마일리지로의 교환을 목적으로 포인트를 저축하는 「마일러」가 화제가 되기도 했다. 편의점 각 체인도 독자적인 포인트 서비스를 제공하고 있다.

편의점 점포가 취급하는 상품은 일반적으로 할인 판매는 안하지만 포인트 서비스를 이용하면 실질적으로 가격할인과 같은 효과가 있기 때문에 상당히 인기가 있다. 또한, 편의점 점포에서의 쇼핑은 소액 결제가 많기 때문에 쇼핑 대금의 단수를 포인트로 지불하는 데에도 적합하다. 상위 체인의 독자적인 포인트 서비스는 일체형과 공통형으로 분류된다.(도표 3-4)

도표 3-4 주요 체인의 포인트서비스 개요

체인명	명칭(도입시기)	서비스종류	체인 점포에서의 포인트 부여	회원수 ('12년 4월)	포인트 운영	이용 점포 수 등	
세븐 일레븐	nanaco(2007년 4월)	전자 머니 QUICPay 가능	100엔 매출당 1P 보너스포인트 인터넷 쿠폰	1575만	세븐 카드 서비스 (세븐 앤 아이)	데니즈, 이토요카도, 이즈미유케타운, 소고 등	10만 4300 ('12년 기준)
로손	로손 Ponta(2010년 3월)	공통 포인트 신용카드가능	100엔 매출당 1P 매장산시1P 보너스포인트 할인 쿠폰	4414만	로열티마케팅 (미쓰비시 상사)	게오, 쇼와셀유, KFC 로손스토어 100등	1만 8659 ('12년 기준)
패밀리마트	Famima T Card(2007년 11월)	공통 포인트 신용카드 가능	100엔 매출 당 1P P2배 데이 P플러스 캠페인	441만 (3978만)	CCC와 야후 제휴회사 (2012년 10월부터)	츠타야, 에네오스, 도토루커피 쓰리에프 등	4만 7399 ('12년 기준)
서클K산크스	KARUWAZA Card(2004월 7월)	전자머니, Edy, Suica 등 등록	100엔 매출당 1P 보너스 포인트	130만	서클K산크스	-	6211 ('12년 기준)
미니스톱	WAON(2007년 11월)	전자머니 신용카드 가능	200엔 매출당1P P2배 데이 할인 데이	115만	이온리테일	이온, 맥도널드, 패밀리마트 코코스토어 등	14만 5000 ('12년 기준)

일부러 특정 체인을 위한 카드를 만드는 것이 아니라 다양한 곳에서 이용할 수 있어 특전 범위가 넓은 것도 편의점의 포인트 서비스를 손쉽게 이용하는 이유 중 하나이다.

한편, 포인트 서비스를 도입하는 기업 및 점포가 이익을 줄이면서까지 포인트 서비스를 도입하는 이유는 무엇일까? 그 중에는 포인트 서비스 도입 관련 경쟁심화로 대응 차원에서 도입하고 있는 곳도 있지만 통상적으로는 쇼핑 관련 개인정보와 언제 무엇을 구입했는지, 무엇과 무엇을 같이 구입했는지, 그리고 어느 정도 빈도로 쇼핑하는지 등의 구매행동 이력을 수집하는 것이 주요 목적이다. 물론 수집한 정보는 분석되어 향후 상품 개발 및 점포 내 물품 배치 방법 등에 활용되는 것이 전제되어 있다.

「포위」 전략에서 「상호송객」 전략으로

포인트 서비스를 이용하기 위해서 일반적으로 서비스 제공자에게 개인정보를 제공하게 된다. 포인트에 눈이 멀어 개인정보에 대해 가볍게 생각한 사람들도 있겠지만, 예를 들어 신용카드를 만들 때를 생각해보면 광범위한 개인정보를 제공하고 심사를 받았다는 것을 알게 된다. 신용카드는 현재와 같은 전자머니의 일체형 혹은 공통 포인트가 가능하기 전부터 포인트 서비스를 제공했기 때문에 그 동안에 사용할 수 있는 점포 및 장소를 늘리고 시큐리티대책을 세워 이용이력의 정보수집과 분석에서도 앞서 왔다고 할 수 있다.

전자머니도 오토 차지(자동 입금)을 선택한 경우는 신용카드와 연계

된다. 그러나 원래 포인트 서비스는 구매 금액에 따라 종이 카드에 스탬프를 찍는다든지 우표 형태의 스티커를 붙여주는 것이었지 개인정보 및 구매이력을 확인하는 것은 아니었다. 그 대신 스탬프 및 스티커를 모으면 특전 및 할인이 있기 때문에 또 다시 가야지라는 생각을 갖게 하는 것이 목적이다. 그렇게 해서 반복해서 방문해 주는 고객을 「우량 고객」으로 중요시 하였다.

대부분의 점포가 포인트서비스를 도입하고 우량 고객의 획득(포위)에 힘을 들이게 되면 고객은 보다 포인트가 쉽게 쌓이고 보다 특전내용이 충실한 점포로 이동해 간다. 이에 대해 점포는 보너스 포인트를 제공한다든지 포인트 2배 Day를 선정한다든지 해서 점차 포인트의 환원 비율을 높이는 "포인트 경쟁"에 돌입한다. 포인트 경쟁은 저가 경쟁과 유사해서 이겨도 져도 경쟁에 관여한 기업 및 점포의 수익구조를 악화시킨다. 이러한 때는 본래 목적에 되돌아와 마케팅 방법을 재검토하는 것이 중요하다.

도표 3-4에서 편의점 각 체인의 포인트 서비스 도입시기를 보면 비교적 최근인 것을 알게 된다. 사실 로손과 패밀리마트는 2000년대 전반부터 각 체인의 독자적인 신용카드 및 포인트카드를 도입해 관련 서비스를 제공해 왔으며, 패밀리마트는 2007년에 「T 포인트」, 로손은 2010년에 「Ponta」와 각각 공통 포인트를 도입했다.

공통 포인트에는 편의점 외에 주유소, 렌탈 샵, 패스트푸드, 드러그스토어 등 다양한 업종 및 업태가 참가했기 때문에 일상생활의 다양한 상황에서 포인트 서비스를 이용할 기회가 증가하였다. 또한 공통 포인트에 참가한 점포끼리는 자기 점포의 고객에게 여타 점포의 이벤트 정보를 전하거나 할인 쿠폰을 배부하는 등 상호 고객을 소개하고 있다.

예를 들어 자주 이용하는 주유소에서 가까운 편의점의 할인 쿠폰을 받았기 때문에 별 생각 없이 편의점에 들르는 경우도 생각해 볼 수 있다. 특정 체인 단독으로 고객의 「포위」에서 많은 업종 및 업태가 상호 고객을 매개로 서로 소개하는 「상호송객」이 되면 포인트 경쟁 등에 의한 소모를 완화시킬 수 있다.

전자머니에 의한 포인트 서비스

전자머니와 일체형으로 포인트 서비스를 제공하고 있는 경우도 공통 포인트와 기본적으로 유사하다. 전자머니를 이용할 수 있는 범위가 넓기 때문에 자주 이용하는 점포의 회원으로 등록해 두면 그 후는 전자머니로 결제할 때마다 포인트를 제공받는다. 포인트 카드를 만들지 않기 때문에 계산대 정산 시에 대금지불과는 별도로 포인트 카드를 제공할 필요도 없다. 「포인트카드 가지고 계시나요?」라고 묻는 일 자체가 없다는 것이다.

「Suica」, 「PASMO」, 「ICOCA」 등을 교통계 전자머니라고 하고, 「nanaco」 및 「WAON」은 유통계 전자머니라고 한다. 세븐 앤 아이그룹, 이온그룹의 대규모 유통 소매업이 발행하고 있는 전자머니이기 때문이다. 유통계인만큼 결제에 이용되는 건수가 많은 것이 특징이다. 다만, 포인트 서비스에 대한 전략적 대응면에서는 크게 차이가 있다. 세븐일레븐은 nanaco를 사용하여 포인트 서비스를 전개하고 있지만 포인트의 공유는 기본적으로 같은 세븐 앤 아이그룹에 속한 점포 및 인터넷 쇼핑 등에 한정되어 있다. 같은 그룹 이외에도 nanaco를 이용할 수 있는 점포가 있기는 하지만 반드시 포인트가 공유되어 있는 것은 아니다. 즉, nanaco의 이용과 포인트 서비스를 분리해서 생각하고 있는 것이다.

한편, WAON의 경우, 이용할 수 있는 점포와 시설과 관련, 이온그룹에 속해있는 지 여부와는 상관없이 동일 포인트 서비스를 제공하고 있다. 예를 들어 패밀리마트의 점포에서도 WAON은 이용할 수 있으며 결제액에 따라 포인트가 부여된다. 패밀리마트는 전술한 것과 같이 T포인트에 가맹하여 T포인트를 자기 체인의 전략적 포인트 서비스로 활용하고 있기 때문에 WAON의 이용은 어디까지나 방문 고객의 이용 편의성 향상에 초점을 두고 있는 것으로 이해할 수 있다.

미니스톱은 이온그룹의 일원으로 WAON의 탄생부터 점포에서의 이용을 개시했지만 제공되는 포인트 서비스는 경쟁관계인 패밀리마트와 다르지 않다. 물론 독자적으로 보너스 포인트 서비스 등을 부가하는 것도 가능하지만 전략적인 서비스 운용이라고는 말할 수 없다. 그래서 미니스톱 독자적인 「득템 휴대폰 사이트」 회원과 WAON을 연결지어 지금은 미니스톱의 독자적인 서비스를 추진하고 있다. 이러한 점에서 서클K산크스는 유통계 전자머니가 등장하기 이전부터 기존 전자 머니 「Edy」 등을 활용하여 독자적인 「카루와사 클럽」 회원 서비스를 추진해 왔다.(도표 3-4)

이렇게 보면 편의점 각 체인이 전자머니의 이용 및 포인트 서비스를 제공하고 있는 것은 방문 유도만을 위한 것이 아니라는 것을 알게 된다. 본래 목적은 독자적인 포인트 서비스를 이용해 줄 자사 체인의 회원을 늘리는 것에 있었다. 그 이유는 회원 정보를 수집, 분석하여 보다 개선된 상품개발 및 점포 개선활동에 활용할 수 있기 때문이다. 가능한 많은 사람을 회원으로 가입시키면 수집할 수 있는 정보가 늘어남과 동시에 분석 수준을 높일 수 있다.

포인트를 매개로 한 커뮤니케이션

포인트 서비스는 편의점에게는 이용자(회원)에 대한 정보를 얻는 수단이고 이용자에게는 서비스를 통한 물품의 구입뿐만 아니라 개인의 정보를 편의점에 제공하는 행위이기도 하다. 이 경우 이용자는 우선 다음과 같은 측면을 명확하게 자각해야 한다.

전술한 것과 같이 스탬프의 낙인 및 스티커를 배포하던 때에는 정보의 수집이라든지 분석 등이 전혀 고려되지 않았지만 IT의 발전으로 이것이 가능하게 되었다. 특히 인터넷 상에서 서비스를 이용하려면 무료 서비스라 하더라도 많은 경우 개인정보의 제공을 요구한다. 정보의 수집과 분석이 IT 활용으로 용이해졌기 때문이다. 한편 수집 및 분석된 정보는 데이터화되기 때문에 데이터 유출 문제도 발생한다.

그러나 포인트 서비스에 의한 인센티브의 반대급부로 개인 정보를 제공하고 있다면 생각이 복잡해진다. 그렇지만 이를 통해 편의점이 보다 사용하기 편리하게 개선되는 데 사용된다고 생각할 수도 있다.

즉, 소비자의 진지한 구매행동이 내일의 편의점 개선으로 연결되는 것이다. 조금이라도 사용하기 편리한 점포를 만들기 위해 소비자는 편의점과 계약하고 포인트 서비스의 회원이 되었다고 생각할 수도 있다.

앞서 자각해야 한다고 말한 것은 최종 목표로 삼고 있는 것이 다름 아닌 사용하기 편리한 편의점 실현이라는 사실이다. 구체적으로 말하면 자신만 혜택을 보면 된다고 생각하는 사람들도 있겠지만 대개는 모두가 이용하기 쉽고 환경 친화적이고 안심하고 안전한 점포가 되기를 바랄 것이다. 이런 점에서 편의점이 목적으로 삼고 있는 점포 개선 방향과 완전히 일치한다.

편의점에게 포인트 서비스는 커뮤니케이션 수단의 하나이다. 이것을 통해 회원(고객)과의 연계를 심화시키고 장기적으로 지속적인 관계를 구축해 나가는 것을 지향한다. 그 회원이 되는 것은 어느 정도의 신뢰감을 가지고 부분적이지만 개인의 정보분석을 "허락"하는 행위이다. 회원이 되는 측도 장래에 걸쳐 계속적인 관계를 구축해 갈 각오를 가져야 한다고 생각한다.

인구감소와 저출산고령화가 진행되면 이제까지와 같이 서로 경쟁하는 복수의 점포로부터 그때마다 자신에게 적합한 점포를 선택할 수 있는 환경이 지속될 것으로 생각하기 어렵다. 그렇다면 점포와 협력하면서 자신에게 맞는 점포를 만들어 갈 필요가 생긴다. 이미 가까운 거리에 점포가 없거나 지금 자신에게 맞는 점포가 없는 상황에 있는 「쇼핑 약자」도 존재한다. 이 경우는 처음부터 자신의 상황에 맞춘 점포를 만들어 가는 것이다. 그 방법론에 대해서는 다음 장에서 자세히 살펴보기로 한다.

포인트회원 데이터와 POS 데이터

이제까지 편의점은 사용하기 편한 점포만들기를 목표로 다양한 시도를 해 왔다. POS 시스템 이용도 그 중 하나이다. POS 시스템은「상품」의 판매 상황을 관리한다. POS 시스템의 진가는 인기상품보다도「인기없는 상품」을 발견하는 데에 있다. 즉, 잘 안팔리지 않은 상품이 어느 것인가를 특정화하여 신상품과 교체한다. 매주 신상품을 투입하거나 연 매출의 약 70%를 차지하는 상품을 교체할 수 있는 것도 POS 데이터의 분석에 기초한 것이다. 물론 인기없는 상품이라고 해서 모두가 교체되는 것은 아니다. 용도 및 기능 등의 면에서 교체할 수 없는 상품도 있다. 점포의 입지상 반드시 필요한「특수 상품」과 빈도가 낮지만 꾸준히 팔리는 상품도 있다.

그렇다고는 해도 사람들의 이목을 모으는 것은 인기상품이다. 역시 POS 데이터에 판매 상위 상품은 많은 사람들이 필요로 하는 상품이라고 생각해도 된다. 실제로 구매층이 편중되어 있다고 해도 POS만으로는 정확한 파악이 어렵다. 또한 점포에서「당점 판매 넘버 1！」이라는 POP(점두 광고)방식을 활용하면 말 그대로 인기상품이 되는 경우도 있다.

POS 데이터가「상품」판매 상황의 누적정보인 것에 비해 포인트 서비스의 회원데이터는「고객」의 구매 행동의 이력정보라고 할 수 있다. 다만 POS에서는 상품의 판매상황을 개별 품목 단위까지 세밀하게 데이터화한다. 포인트 서비스에서는 회원을 개인단위로 분석하지는 않는다. 어떤 상품을 구매하는 경향이 있는가 혹은 방문 빈도 및 매입 금액, 연령대 및 성별 등 그룹으로 분류하고 분류된 그룹별로 데이터화한다.

향후에는 개인단위로의 분석도 가능해질 것이다. 한 명 한 명의 기호 및 니즈에 맞춘다는 의미에서 「One to One」이라는 용어가 사용되고 있다. 그 구체적인 모습과 관련하여 자주 언급되는 것이 고객의 가정 내 사정까지 알고 있는 점주가 임기응변으로 상품을 낱개로 판매하는 이미지이다. 고객 하나 하나의 데이터는 점주 머리 속에 들어 있는 것이다. 얼굴을 맞대고 한 커뮤니케이션을 중요시한다는 의미에서 「Face to Face」의 용어가 사용되는 경우도 있다. 이것을 365일 24시간 영업을 기본으로 하는 편의점 점포에서 여러 명의 점원들이 분담하면서 어느 점원이 대응해도 동일하게 데이터화하여 정보의 공유를 도모하는 것이다.

지금 고객의 그룹별 분류는 점점 세분화되고 있다. One to One에 가까워지고 있다고 할 수 있다. 한편, 포인트 서비스의 이용자도 늘어나고 있다. 회원 데이터 분석수준이 향상되면 POS데이터의 역할은 끝날 것이라는 사람도 있다. 그러나 앞에서도 언급한 것처럼 위 두 가지 형태의 데이터가 분석하고 있는 정보 및 활용 상황은 상이하다. POS데이터가 보여주는 것은 상품의 판매 상황이다. 대략적인 판매상품의 경향을 파악할 수 있다. 한편, 회원 데이터가 보여주는 것은 고객의 구매행동이다. 향후 어떠한 커뮤니케이션을 추진해 나갈 것인가에 대한 기준이 된다. One to One에 가까워질수록 개별적인 커뮤니케이션 수단화가 진전될 것이다.

새로운 커뮤니케이션 수단의 등장

인터넷의 보급으로 새로운 커뮤니케이션 수단이 생겨났다. 편의점 체인도 이를 적극적으로 활용되고 있다. 홈페이지(HP) 및 메일 매거진에 이어 최근은 소셜미디어의 활용이 두드러지고 있다.(도표 3-5)

도표 3-5 주요 체인의 소셜미디어 활용 상황

소셜 미디어	체인 명	세븐일레븐	로손	패밀리마트	서클K산크스	미니스톱
SNS	Facebook	○	○	○		○
SNS	Mixi		○	○		○
SNS	Google+		○			○
마이크로 블로그	Twitter	○	○	○	○	○
마이크로 블로그	Tumblr		○			
휴대폰계 SNS	mobage		○	○		
휴대폰계 SNS	GREE		○	○		
휴대폰계 SNS	Ameba			○		
동영상 공유	Youtube		○	○	○	
동영상 공유	니코니코동화		○			
동영상 공유	Ustream		○			
화상 공유	Pinterest		○			
화상 공유	Twitpic		○			
화상 공유	Instagram		○			
일러스트 공유	Pixiv		○			
위치정보 공유	Foursquare		○			
위치정보 공유	로케터치		○			
UGC형 정보공유	Naver		○			
북 마크	하테나북마크					○
Q/A	오켓다		○			
무료통화/메일	LINE		○			
기타			수수께끼 로손부	취미구락부		
미디어 합계		2	22	8	3	

로손 캐릭터
「아끼코쨩」

현재 대규모 체인이 주로 활용하고 있는 것은 소셜네트워크서비스 (SNS) 「Facebook」 및 「mixi」, 미니블로그인 「Twitter」, 동영상 공유사이트인 「Youtube」 등이다. 소셜미디어는 본래 "속인성"이 강하고 개

인간 정보의 주고받음(정보의 교환과 공유)을 기본으로 하고 있지만 상업적 이용 가능성도 시도되고 있다. 또한 각각의 소셜 미디어는 서로 다른 특징이 있고 그 특징으로 인해 이용층 및 이용상황이 상이하다. SNS는 인터넷상에 사회적 네트워크를 구축할 수 있는 서비스이다. 현실사회의 인간관계(소셜클럽)를 보다 친밀하게 하는 경우도 있으며, 인터넷상만의 인간관계(버추얼클럽)을 상대적으로 완만하게 연결해 주기도 한다.

기본적으로 실명으로 이용되는 Facebook은 전자에 해당한다. mixi 는 익명으로 커뮤니케이션에 참가할 수 있지만, 출신교 모임이나 오프라인 모임도 활발하기 때문에 역시 전자의 성격이 강하다고 볼 수 있다. ITC총합연구소에 의하면 2011년말 시점에서 일본의 SNS 이용자는 인터넷 이용자의 75% 수준에 이르고 있다.

Twitter는 인터넷 상에서 짧은 문장을 투고할 수 있는 서비스이다. "심심풀이"처럼 이용이 간단하기 때문에 계속해서 전달되어 순식간에 정보가 확산되는 상황도 가능하다. 즉 정보를 공유하면서 관계를 강화시켜 나가고 싶다면 SNS를, 정보를 빠른 속도로 확산시키고 싶다면 Twitter를 이용하는 것이 효과적이다. 따라서 활용목적을 고려해 여러 개의 미디어를 나누어서 사용하는 것이 현명하다.

로손은 여타 체인에 비해 미디어를 적극 활용하고 있다. 「로손크루 아키코 짱(로손 점포에서 아르바이트를 했던 여대생)」이라는 캐릭터를 설정하여 미디어에 따라서는 「아키고 짱」이 아니라 「아키고 짱의 오빠」, 「아키고 짱이 아르바이트를 하고 있는 로손의 점장」등이 커뮤니케이션을 담당하고 있다. 조직을 전면에 내세우는 것 보다 캐릭터가 친근하게 느껴질 수 있도록 한 것이다. 게다가 통일적인 캐릭터를 앞세워 로손에 대한 인지도를 높이고 있다.

가능한 폭 넓은 층과 커뮤니케이션을 하기 위해서는 수 많은 소셜미디어를 활용하는 것이 좋지만 그 만큼 비용도 소요된다. 실제는 인기가 많은 미디어에 이용자가 집중되는 경향이 있기 때문에 대부분의 체인은 비용대비 효과를 고려한 인기 미디어의 활용에 집중하고 있다.

커뮤니케이션 수단의 크로스화

편의점은 신규상품 개발뿐만 아니라 영화 및 잡지 등 기존 미디어와의 활발한 공동작업을 통한 상품 인지도 향상에 힘써 왔기 때문에 소셜미디어에서도 편의점이 발신하는 정보는 취급되기 쉽다. 이러한 점에서 편의점은 소셜미디어와의 궁합이 좋다고 할 수 있다. 이 장 전반부에서 편의점은 "언제나 어디서나" 인터넷에 접속할 수 있는 모바일 단말기와도 궁합이 좋다고 언급한 바 있다.

소셜미디어의 특징인 "쌍방향성", 모바일 단말기의 특징인 "모빌리티(이동성)"는 향후 커뮤니케이션 수단을 고려한 데 있어 가장 중요한 포인트라고 생각한다. 이제까지 미디어는 일방향으로 정보를 전달하는 것이 주류였지만 지금은 쌍방향을 적극 고려하게 되었다. 이와 함께 미디어의 조합(크로스 미디어화)에 의해 커뮤니케이션의 질을 높이려 하고 있다.

예를 들어 신상품 발매 시, 캠페인 및 기존 미디어를 통한 노출로 매출은 높아지지만 효과가 지속되는 기간이 매년 짧아지고 있다고 알려져 있다. 최근은 SNS와 연동하여 소비자의 관심을 지속시켜 상품의 매출 효과를 높이고 있다. 기존 미디어는 자사 관리가 가능하지만 소셜 미디어는 관리에 신경을 쓸 필요가 있다. 간혹 부정적인 정보가 급속히 퍼지는 경우도 있기 때문이다. 전화 및 메일 등으로 불평을 말한다든지 문의하거나 직접적으로 커뮤니케이션하는 수단도 있지만 직접적으로 말할 정도가 아닌 작은 불만은 소셜 미디어에서 소문이 되기 쉽다.

편의점 사례는 아니지만 인터넷 상 떠도는 거대한 "심심풀이"에서 자사에 관한 발설을 자동적으로 검출하고 불만 등에 적극 대응하여 소비자 호감도를 높이는 기업도 있다. 소셜 미디어의 쌍방향성과 모바일 단말기의 모빌리티를 활성화하면 언제 어디에서나 적시 대응이 가능하다. 다만 소셜 미디어는 정보의 주고받는다는 점에서는 큰 강점을 가지고 있지만 자세한 설명과는 조화되기 어려운 점도 있기 때문에 이런 점을 감안, 자세히 해설한 홈페이지(공식 사이트 등의 자사 미디어) 및 1대 1로 설명하는 커스터마이제이션(고객창구) 등으로 유도하는 등 기존 커뮤니케이션 수단과 조합하여 활용하기도 한다.

빅데이터 해석과 소비자 심리

소셜미디어 이용자는 상품 및 서비스를 구입하는 경우에도 소셜미디어상의 인간관계에 영향을 받는다. 구체적으로는 기업의 광고 및 고지(메일 매거진)보다 소셜미디어의 평가를 통해 상품에 관심을 가지게 되고, 검색 사이트 및 기업의 홈페이지(HP)보다 커뮤니티 사이트의 동료가 제공한 정보에 의지하여 구입상품을 결정한다는 것이다. 만약 그렇다면 비용을 들여 광고를 하거나 메일 매거진을 보내거나 HP를 충실히 해도 기업은 비용 대비 효과를 기대할 수 없다는 것이 된다. 그렇기 때문에 소셜미디어상의 생생한 목소리를 모아 커뮤니티 사이트 상에서의 화제를 찾고 얼마나 효율적으로 리뷰어의 반응을 이끌어 내는가를 연구하는 것이 현명하다.

그러나 현재는 상품 정보를 모으거나 확산시키기 위해서 소셜 미디어를 이용하지만 최종적으로는 상품을 구입하는 정보는 메일 매거진에서 얻고 있는 사람의 비율이 높다고 알려져 있다. 즉 메일 매거진과 소셜미디어는 사용방법이 다르다는 것이다.

물론 향후에는 소셜미디어의 이용자 및 이용 상황 모두 다양해 질 것으로 예상된다. 게다가 이용되는 정보는 음성, 사진, 일러스트, 동화, 위치 데이터 등이 복합적으로 사용되어 양과 질 모두 다양화된다. 최종적인 구입선택 과정에서의 이용도 증가해갈 것이다.

전술한 포인스 서비스 이용을 통해 얻어진 정보와 합쳐 다양하고 대량의 정보를 "빅 데이터"로서 해석하려는 시도도 늘어나고 있다. IT 발전이 없다면 불가능한 일이지만 발전을 촉진시키면서까지 시도하는 것은 기업과 고객, 조직과 사람, 사람과 사람과의 관계를 우호적으로 오랫동안 유지시켜 나가기 위함이라 할 수 있다. 빅데이터의 해석 자체를 가능하게 하는 것은 고도의 정보처리기술이지만 이를 통해 읽어내려 하는 것은 사람들의 감정이고 사람들에 의해 만들어지는 이야기이다.

[Column 3]

편의점의 하루 (현재편)

오후 11시 편의점 A점포 심야시간 교대조인 야시키 씨(36세)의 모습이 보였다. 거의 같은 시간에 편의점 로고마크가 새겨진 배송차가 도착하고 상품이 옮겨졌다. 야시키 씨는 상품을 분류하고 아르바이트생인 도모 씨(21세)에게 도시락 등 일부를 점포 선반에 배치하도록 지시하고 나머지는 창고에 보관하도록 했다.

지금부터 전철이 끊기는 시간대까지 점포에 손님이 끊어지는 일은 없다. 또 한 명의 아르바이트생인 테츠 씨(23세)가 계산대에서 분투하고 있다. 고객이 2명 이상 줄서 있으면 야시키 씨가 바로 또 한 쪽의 계산대로 와 신속하게 고객에 대응한다. 야시키 씨는 이른바 심야 아르바이트 전문의 프리타이다. 편의점에서 일하기 전에는 패스트푸드 식당에서 심야 아르바이트를 한 경험도 있다. 그렇지만 나이도 있고 해서 슬슬 장래에 대해 생각하기 시작하였고, 최근 여자친구도 생겼기 때문에 편의점의 독립지원제도를 활용하여 점주가 되는 방법을 고려 중에 있다.

심야 1시를 넘어 고객이 드물어지자 야시키씨는 휴대용 단말기를 들고 다니면서 상품발주 작업을 시작했다. 선반 위의 상품재고를 확인하면서 발주량을 결정한다. 여기에서 입력된 데이터는 잠정적인 것이다. 최종적으로는 점장이 수정하여 발주를 마무리 짓게 된다.

A 점포는 파트와 아르바이트생을 포함해 10명 전후가 상품의 발주에 관여한다. 상품별로 분담되어 있고, 각자 교대시간 중 한가한 시간 때에 발주작업을 한다. 그 중에는 영양 드링크만을 담당하는 발주자도 있다. 잠정적 발주작업이 종료되면 야시키 씨는 토모 씨와 함께 창고에 남아있는 상품을 가지고 점포의 부족한 부문을 보충하면서 상품의 진열장 위치도 변경한다. 이제까지의 심야시간대 매장을 아침에 대응한 매장으로 손을 보는 것이다. 아직 날이 밝지는 않았지만 조조 고객이 방문하기 시작한다. 조조 고객은 심야 고객과는 다른 분위기를 풍긴다.

***

오전 6시 점장 다카오 씨(32세)가 점포A 앞에 도착했다. 바로 점포 내로 진입하지는 않는다. 점포 주위를 걸어다니면서 쓰레기를 줍거나 지저분한 곳을 치우거나 평상시와는 다른 모습은 없는지 확인한다. 이것은 점장의 중요한 일과이다. 점포 주위를 한 바퀴 돌고 나서 점포에 다카오 씨의 모습이 보일 때쯤 점포 내부도 고객으로 점점 혼잡해진다. 아침 특유의 어수선한 분위기가 이어지자 점원들도 긴장감을 가지고 대응한다. 오전 9시 아침 시간대 피크가 지난 시점에서 다카오 씨는 점포 내 컴퓨터 앞에 앉는다. 이제부터 상품 발주량을 최종적으로 결정한다. 지역행사 예정, 날씨예보 등을 확인하는 등 관련 정보를 감안하여 발주량을 미량 조정한다. 이 작업으로 폐기 비용, 기회비용 등이 영향을 받기 때문에 신경을 많이 쓴다.

다카오 씨는 A점포 점주의 아들이다. 어릴 때부터 편의점 점포에 서 있는 부모의 모습을 보면서 성장했다. 당시, 자신이 점포를 이을 것이라는 자각은 거의 없었고 여타 아이들과 같이 학교를 졸업하고 제조 업체에 취직했다. 최근 부모로부터 2호점을 경영한다는 이야기가 나왔고 고민한 끝에 결국 부모를 돕기로 한 것이다. 그리고나서 점포 경영을 위한 수업을 시작하였고 지금은 A점포를 담당하게 된 것이다.

오전 11시 전 다시 점포가 어수선해졌다. 새롭게 상품의 입금 작업을 마치고 점심 피크에 맞춘 매장만들기가 빠른 속도로 추진되었다. 심야시간대 담당자는 교대되었고 점심 시간대의 중심 점원은 베테랑 파트인 사토코 씨(53세)와 사에 씨(46세)이다. 학생 아르바이트생에게 명확한 지시를 내린다. 점장 다카오 씨도 발주작업을 끝내고 점포로 되돌아 왔다.

오후 12시 조금 전에 점심 피크가 시작된다. 최초 15분 정도를 잘 극복하면 조금 여유가 생기지만 12시 반을 지나면 또 다시 혼잡해진다. 점심 피크 시간대에도 파도처럼 변동이 있다.

***

오후 3시경 다카오 씨는 하루 매출을 확인한 다음 또 다시 점포 컴퓨터 앞에 앉는다. 다음주 발매되는 상품정보를 확인하기 위해서이다. 본사에서 상세한 정보가 보내지기 때문에 꼼꼼히 검토한다. 왜냐하면 새로운 상품을 진열하기 위해서는 기존 상품을 줄일 필요가 있기 때문이다. 대상이 된 상품은 손실이 되지 않도록 재고량을 조정하고 교체 시에는 재고가 없는 것이 바람직하기 때문이다. 그렇게 되도록 전략을 세우는 것도 다카오 씨의 중요한 일이다.

가게 컴퓨터 옆에는 점포 내에 설치된 방범카메라로부터 영상을 비추는 모니터가 설치되어 있다. 평상시 창고에 있을 때에는 모니터에도 신경을 쓴다. 방범카메라는 강도 및 절도 방지의 의미도 있지만 최근은 입금사기에 편의점 ATM이 이용되는 경우가 증가하고 있기 때문에 고령자 고객에는 특히 신경을 쓰고 있다. 근처 파출소 경찰도 빈번하게 방문한다. 오늘도 모니터영상에 경찰의 모습이 확인되었다. 아르바이트생 아야 씨(19세)가 대응하고 있다. 잠시 후 그녀와 함께 경찰의 얼굴이 보였다. 별일 없다는 것을 확인하고 돌아갔다.

오후 4시가 지나 점두에서 다시 상품보충이 시작되었다. 편의점 배송차가 도착하고 신상품이 운반된다. 편의점에서는 1일 3회에 걸쳐 상품이 점포로 배송된다. 그 3번째가 도착한 것이다. 저녁 피크에 맞추어 매장 만들기가 진행된다. 저녁 피크는 점심과는 달리 저녁까지 단계적으로 이어진다. 그 때마다 매장에 인원이 보충되면서 긴 러시아워를 극복하는 것이다.

사토코 씨 및 사에 씨는 시간이 되어 새로운 점원과 교체된다. 점장인 다카오 씨도 저녁 점포 상황을 체크하고 퇴근한다.

제4장

커뮤니티와 편의점

I. 커뮤니티의 네트워크화

현대 일본 커뮤니티의 원점

커뮤니티라는 용어는 시대와 사회적 환경에 따라 다양한 의미로 사용되어 왔다. 커뮤니티라고 하면 인터넷상의 커뮤니티를 떠올리는 독자가 많을 것이다. 인터넷을 이용하는 사람의 약 절반은 SNS(소셜 네트워크 서비스)를 이용하고 있기 때문이다. 편의점 각 체인도 이를 감안하여 독자적인 커뮤니티 사이트를 운영하고 있다.

이전에 교과서에서 배운 지역(지연 및 혈연 등)과 연관된 공동체라는 의미에서 「게마인 샤프트」, 기업 및 학교 등이 만들어 낸 공동체로서 「게젤 샤프트」를 생각하는 독자도 있을 것이다. 인터넷상 커뮤니티의 가장 큰 특징은 지역과 같은 지리적 공간(범위), 기업 및 학교 등에서 보통 준비되는 물리적 공간(시설)이 없다는 것이다. 달리 말하면 물리적 공간이 없어도 커뮤니티는 성립한다.

일본에서 커뮤니티라는 용어가 보급된 계기는 1960년대 말 국민생활심의회의 조사회가 제출한 보고서 『커뮤니티 ~생활의 장에 있어서의 인간성의 회복』에 의한 것으로 알려져 있다. 제목에서 알 수 있듯이 이 때 이미 커뮤니티는 붕괴되기 시작하여 "인간성 회복"을 위해 "재생" 혹은 새롭게 "형성"해야 하는 것으로 인식되었다.

제안된 커뮤니티는 미래의 이상적인 모습으로 구체적으로 실체가 있는 형태는 아니었다. 1970년대부터 각지에서 커뮤니티 센터가 만들어졌다. 실제 생활의 장을 연결하기 위한 거점이 되는 시설로 만들어졌다. 그러나 오늘날까지 줄곧 커뮤니티는 "재생" 및 "부활" 등의 용어와 함께 말해지는 경우가 많다.

동일본대지진 때, 근처에서 서로 소리를 지르면서 해일에서 도망치거나 피해자간 서로 격려하거나 각지 / 각국으로부터의 지원도 있었지만, 무엇보다 특징적인 것은 지역의 연대가 살아났다는 것이었다. 또한 피난지에서는 지역별로 협력하여 원래의 지역으로 되돌아가 생활하는 것을 절실히 희망했다.

이러한 상부상조는 한신 / 아와지 대지진 때에도 볼 수 있었다. 피난지에서 지역별 협력을 위해 노력한 것도 한신 / 아와지 대지진의 교훈으로 남아있다.

또한, 피해자의 안부확인 및 필요한 물자의 연락에 소셜미디어가 활용되었다. 사실 한신 / 아와지 대지진 때에도 인터넷은 활용되어 그 유효성이 확인되었다.

이런 사례를 보면 물리적 그리고 비물리적 측면에서 실체가 있는 커뮤니티가 있는 것처럼 보인다. 그렇다고 해도 이것은 대지진이라는 긴급사태에 직면했을 때 인간이라는 생물에 내재된 이타적인 행위로 일상적인 커뮤니티와는 분리해서 생각할 필요가 있다.

「집단」에서 「유대」로

동일본대지진 이후에도 그리고 한신 / 아와지 대재해 이후에도 커뮤니티의 중요성은 강조되었고 의식되었다. 표면상으로는 일관되게 재생이라든지 부활이라는 용어와 함께 언급되었다. 다만 이 기간 동안에 커뮤니티의 개념은 크게 변화하였다.

1960년대 말 공표된 국민생활심의회 보고서에서는 커뮤니티를 「생활의 장에 있어서 시민으로서 자주성과 책임을 자각한 개인 및 가족을 구성주체로 지역성과 각종 공통목표를 가진 개방적이고 구성원 상호 신뢰감이 있는 집단」으로 정의되었다. 이러한 정의가 2005년 국민생활심의회 보고서 「커뮤니티 재흥과 시민활동의 전개」에서는 「자주성과 책임을 자각한 사람들이 문제의식을 공유하고 자발적으로 연결되어 니즈 및 과제에 능동적으로 대응하는 사람과 사람들간의 유대의 총체」로 표현되고 있다. 이전의 정의와 비교할 때 「자주성과 책임의 자각」을 요구하고 있는 점은 동일하다. 하지만 커뮤니티의 구성주체는 「개인 및 가족」에서 「사람들」로, 공유하는 것은 「지역성과 각종 공통목표」가 아니라 「문제(니즈 및 과제)」로 변경되었다.

주목해야 할 것은 「개방적이고…. 신뢰감 있는 집단」에서 「능동적으로 대응하는 사람과 사람들의 유대의 총체」가 되었다는 점이다. 커뮤니티의 개념 변화에 한신 / 아와지 대재해가 영향을 미친 것은 틀림

없는 사실이다. 동 재해가 발생한 해는 나중에 「볼란테리 원년」으로 알려졌으며 이를 계기로 1998년에는 「특정 비영리활동 촉진법(NPO 법)」이 시행되었다. 볼란테리 및 NPO는 동일본대재해에서도 큰 역할을 수행했지만 지역적 한계를 넘어서서 특정 테마 및 목적 하에 의지를 가지고 집단적으로 활동했다. 지역의 문제는 지역 안에서 생활하는 사람(세대)만 생각하고 해결해야 하는 것이 아니라 지역 외의 사람들과 공유하고 보다 좋은 해결책을 찾아내는 것이 현실적인 방안이 될 것이다. 즉, 현상을 추인하는 방식으로 커뮤니티라는 용어의 정의도 바뀐 것이다.

지역 커뮤니티에서도 지리적 그리고 물리적 제약이 없어졌다. 인터넷상의 커뮤니티도 융합할 수 있다. 게다가 커뮤니티의 구성원은 "집단"에 속한 것을 요구하지 않는다.

이제까지의 커뮤니티 관련 논의에서는 집단(장소와 연결된 아이덴티티 및 공동성)을 중시해 왔기 때문에 이사 등으로 새롭게 커뮤니티의 구성원이 되는 사람(세대)에 대해 얼마나 "폐쇄적"이지 않고 "개방적"으로 맞이하는 가가 중요했다. 반대로 폐쇄적인 것을 긍정하는 「게주트 커뮤니티」도 세계에는 존재한다. 일반적으로 높은 벽으로 둘러싸인 고급주택가에서 보안시스템을 거리 전체로 확대하고 주인 이외의 출입을 엄격하게 통제하는 것을 말한다.

그러나 커뮤니티 자체가 장소 및 집단에서 해방되었다. "유대의 총체"라는 것은 "인터넷 네트워크"인 것이다. 지역에 살지 않고 집단에 속하지 않고도 네트워크에 들어가면 누구나 커뮤니티의 구성원인 것이다.

발런테리와 커뮤니티

"유대의 총체"로 변화된 커뮤니티의 시각에서 보면, 동일본대지진 후의 부흥지원 상황은 발런테리 및 NPO에 의한 활동과는 다른 모습을 보이고 있다는 것을 알게 된다.

볼란테리 및 NPO 활동에 참가하는 사람도 커뮤니티 구성원처럼 「자주성과 책임을 자각」해야 하는 점에서는 공통적이지만 활동자체는 "이타적"인 것이다. 「사람들에게 도움이 되고 싶다」는 마음에서 시작된 것이다. 물론 일상적인 상황에서는 여러 가지 동기로 참가하는 경우도 많겠지만, 동일본대지진에 한해서 보면 이타적인 마음에서 출발하여 활동에 참가한 사람이 많았다.

볼란테리가 무급 무상을 내걸고 NPO가 비영리조직이 된 것도 이타적인 활동에 대해 보답을 요구하지 않기 때문이다. 반대로 말하면 이기적인 활동이라면 무급 무상은 당연한 것으로 일부러 원칙으로 내걸 필요도 없을 것이다.

한편, "유대의 총체"가 된 커뮤니티 내 구성원의 대응은 자신의 커뮤니티를 위한 활동이 된다. 커뮤니티의 여타 구성원에게 도움이 되고 싶다는 마음도 있겠지만 그런 경우에도 결국 자신의 커뮤니티에 관여하는 것이다. 즉 볼란테리의 일원으로 활동할 때의 의식과 커뮤니티의 일원으로 활동할 때의 의식은 다르다고 할 수 있다.

실제로 동일본대지진의 부흥을 지원하고 있는 사람의 많은 부분이

「다른 사람에게 도움이 되고 싶다」라고 생각했다면 커뮤니티의 "유대" 가운데 있다고 해도, 자신의 커뮤니티에 자각적인 사람은 소수가 될 것이다.

「다른 사람에게 도움이 되고 싶다」는 솔직한 기분을 부정할 생각은 없다. 그러나 피해지 출신자에게 재해는 남의 일이 아니라 자기 일이다. 따라서, 볼란테리 및 NPO의 활동이 아니라 커뮤니티 활동이라면 당사자의식을 가져야 할 것이다.

피해자를 만났을 때 「이것은 우리 자신이다. 우리들 자신 그 자체다」라고 느끼고 타인이라고 생각하지 않을 것이다. 수도권 직하형 지진, 동해 동남해 남해 지진 및 이에 영향받은 연동형 지진이 언제 발생해도 이상하지 않은 상황하에서는 그렇게 생각할 것이다.

볼란테리 및 NPO활동에서는 지원대상에게 니즈 및 과제를 묻고 대응하지만 커뮤니티 활동에서는 자신들의 니즈 및 과제를 공유하고 각자 가능한 것을 수행한다. 타인을 위해서인지 아니면 자신을 위해서인지에 따라 같은 활동을 해도 행동심리가 상이한 것처럼 보이는 세계도 다르다.

지역 커뮤니티와 글로벌화

커뮤니티는 이론적으로 네트워크의 확산과 함께 무한대로 확산될 수 있다. 그것이 지역 커뮤니티라고 해도 그 구성원은 글로벌하게 구성될 수 있다.

이러한 경우의 문제해결 방식은 앞장에서 편의점의 리얼 점포와 네트워크와의 융합에 대해서 언급했듯이 지역 커뮤니티에서도 유사하게 실제 지역과 인터넷과의 융합 문제로 이해할 수 있다. 왜냐하면 지역 커뮤니티는 커뮤니티의 구성원이 공유하는 문제는 그 지역에 관한 것이기 때문에 당연히 지리적 그리고 물리적인 제약이 발생하지만, 인터넷을 통해 고향을 떠난 사람이 출신지역의 커뮤니티에 참가하거나 무언가의 연을 계기로 마음에 드는 지역 커뮤니티에 참여하는 경우가 많기 때문에 다양성이 확대되기 때문이다.

예를 들어 과소화 및 고령화로 고민하는 산촌지역에서도 커뮤니티 기능을 최대한 활용하여 글로벌하게 영지를 모으는 것도 가능하다. 지역 외부로부터 커뮤니티 구성원이 된 사람도 스스로의 문제로서 인식하고 과제에 대응한다.

편의점도 리얼 점포에서는 각 점포가 입지한 비교적 좁은 지역의 고객에 대응하면서 인터넷을 통해 전국의 고객과 연결된다. 편의점 점포에서의 상품 판매상황은 각 점포의 입지조건 및 지역성에 따라 상이하기 때문에 세밀하게 분석되어 각 점포에 맞는 상품비치가 되도록 수시 조정된다. 이 분석에 사용되는 것은 각 점포의 매출 및 고객층 등의 개별 데이터뿐만은 아니다. 같은 지역의 여타 점포 데이터, 지역 행사, 일기예보, 체인 본부가 독자적으로 수집하는 데이터 등 폭넓은 데이터가 이용된다.

이러한 배경에는 대량의 데이터 및 정보(빅 데이터)를 축적하거나 신속하게 해석할 수 있는 기술의 진보가 있다. 인터넷을 매개로 얻는 고객 정보도 분석되고 있으며, 이미 편의점 상품개발뿐만 아니라 리얼 점포의 상품 비치에도 활용되고 있다. 리얼 점포는 지리적 그리고 물리적으로 제약을 받고 있지만 점포를 보다 개선하는데 이용되는 것은 그 점포의 개별 데이터뿐만은 아니다. 여타 정보도 교환함으로써 각 점포의 입지환경, 지역성, 개별적인 대응을 보다 명확히 할 수 있다. 편의점 업계는 많은 점포를 다양한 입지조건 및 지역에 출점해 왔기 때문에 차이를 이해하고 이에 적극적으로 대응해 왔다고도 말할 수 있다.

지역 커뮤니티도 편의점 점포와 같이 지리적 그리고 물리적으로 제약을 받고 있다는 점에서 지역 외부로부터의 정보는 매우 중요하다. 또한 지리적, 물리적 제약에 의한 "폐쇄감"은 인터넷상으로도 실명을 요구하는 커뮤니티에서도 확인되는 것이기 때문에 발언의 익명성, 출입 및 관여 정도에 대한 자유는 보장되어야 한다.

지산지소의 글로벌화

지역 커뮤니티도 각지의 지자체와의 관계라는 측면에서 보면 이미 편의점 각 체인과 깊숙이 관여하고 있다. 각 체인과의「포괄적 협정」을 통해 지산지소 방식으로 지역의 활성화 등에서 협력하고 있다. 편의점에는 글로벌하게 (지구 규모로) 조달된 원재료로 만들어진 상품이 진열되어 있다. 한편으로 지산지소를 전제로 만들어진 상품도 진열되어 있다. 즉 글로벌한 상품과 지산지소 상품이 편의점에서는 함께 취급되고 있다.

이것은 편의점에게 조금도 모순적인 것이 아니다. 앞서 언급한 것처럼 지역성 및 개별 점포차원의 대응을 중시하고 글로벌수준에서 정보를 모은 것이기 때문에 지역에서 요구되는 상품의 차이에는 민감하다.

요구되는 상품은 사람들의 생활스타일이 유사해지는 만큼 차이도 줄어든다. 지역 상품이라고 해도 전체 상품 중에서 일부를 차지할 뿐이다. 대부분은 전국구 상품으로 채워진다.

한편, 지산지소는 당초 지역 내에서 생산한 것을 지역 내에서 소비하여 지역 내 연대감을 배양하고 지역 활성화에도 연결하려는 것이지만, 대개의 경우는 "지산외소"를 촉진하는 방향으로 나아가게 된다.

각 지자체와 편의점 각 사와의 「포괄적 협정」에서도 기회만 된다면 생산량을 늘려 지역 외로 판로를 넓히고자 하는 의도를 읽을 수가 있다. 어떤 의미에서 편의점과의 포괄적 협정은 지역 외로의 판로 개척 차원에서 이루어진 조치라고 할 수도 있다.

이러한 지자체의 의도를 해당 산지는 특별히 의식하고 있지 않을 수도 있다. "지산지소"에서도 "지산외소"에서도 생산 그 자체는 변하지 않기 때문이다. 그러나 "지소"에서 "외소"로 한 발 다가가면 글로벌화를 향한 한 걸음이 된다.

예를 들어 「산지」라는 판매형태는 산지와 소비자를 연결하려는 수법 중 하나로 널리 활용되고 있지만 지역 내 소비자와 연결되는 경우는 지산지소, 지역 외의 소비자와 연결되면 지산외소가 된다.

현실적으로는 많은 지자체에서 인구가 감소하고 있기 때문에 지역의 활성화를 도모한다면 "지산"에서 "외소"로의 변화는 확대되어 갈 것이다. 원래 지산지소는 경계를 어떻게 나누냐에 따라 유연하기 때문에 어디에서나 "외소"가 된 것은 산지의 생각방식에 달려있다. 이러한 점에서 지역 커뮤니티의 지리적 범위의 선도 동일하다. 어느 쪽이든 지역의 활성화를 위해서는 지역 외에 소비 혹은 커뮤니티 구성원을 요구한다.

앞으로는 상품의 흐름, 정보의 유입, 인적 교류 등이 더욱 활발해 질 것이다. 중요한 것은 이것들을 지속적이고 신뢰할 만한 네트워크로 만들어 가는 것이다.

커뮤니티는 물리적 공간이 없어도 성립하지만 대화적 커뮤니케이션에 집중하기 위해서 매우 개방적인 반면 유동적이고 불안정하다. 물리적인 공간을 가지고 있는 지역 커뮤니티와 연계하여 신체적인 감각을 회복할 수 있는 계기로 만들 수 있다면 문자 그대로 "안정적으로 정착하는" 커뮤니티로 성장해 갈 수 있을 것이다.

2. 상부상조 네트워크의 검증

커뮤니티와 사회적 책임(SR)

이제까지 언급한 커뮤니티의 개념은 2005년 국민생활심의회의 답변에 기초한 것이다. 국민생활심의회는 내각부에 설치된 수상 자문기관이다. 현상의 추인이라고는 해도 수상의 자문기관이 적극적으로 커뮤니티의 개념을 바꾼 데에는 그 나름의 이유가 있다.

가장 큰 이유는 정부 재정악화로 일상적인 삶에서의 다양한 니즈에 대응할 수 없기 때문이다. 달리 말해, 기존 커뮤니티(자치회 등 지연형 단체의 사례를 핵심으로 같은 생활권 주민으로 만들어진 집단)와 같이 행정에 의지하는 것이 아니라 해결능력을 가진 커뮤니티의 재흥을 주장했던 것이다. 비슷한 시기에 기업의 사회적 책임(CSR)에 대한 인식이 높아진 것에 착안하여 커뮤니티에의 협력 및 연계 강화를 촉진한 것이다.

동일본대지진을 배경으로 한 편의점 각 체인의 지원활동도 CSR의 일환으로 이해할 수 있다. 사실, CSR에 대한 시각도 시대와 함께 변화해 왔다. 최근의 큰 변화로는 2010년에 사회적책임에 관한 국제규격 (ISO 26000)이 발행된 것이다. ISO는 환경매니지먼트 시스템(ISO 14001) 및 품질 매니지먼트(ISO 9001)가 널리 알려져 있지만 ISO 26000은 인증을 목적으로 하지 않는 점이 상이하다.

또한 사회적 책임은 영리조직인 기업에 한하지 않고 비영리조직인 NPO, 정부, 공익법인, 중간법인, 임의단체 등 모든 「조직」이 부담하는 것이라는 사고에 기초해서 ISO 26000에서는 CSR이 아니라 SR이라는 용어를 사용하고 있다. SR의 핵심 주제에 「조직통합」, 「인권」, 「노동관행」, 「환경」, 「공정한 사업관행」, 「소비자과제」, 「커뮤니티에의 참가 및 커뮤니티의 발전」의 7가지가 거론되고 있다.

편의점 체인 중에서는 패밀리마트가 일찍이 ISO 26000에 기초하여 271항목의 체크 시트를 만들어 자사 체인의 CSR 상황을 분석하였다. 분석작업을 통해 「커뮤니티 참가」와 관련한 일부 항목에 문제점이 발견되었다. 소상권에 대응하여 지역에 밀착한 점포만들기에 힘 써온 편의점이지만 ISO 26000의 가이드라인에 비추어보면 아직 개선할 점이 많다.

기업의 생각도 바뀌었다. 이제까지는 본업에서 얻은 이익의 일부를 환경보전 등의 사업을 통해서 사회에 환원하는 방식이 주류였지만 최근에는 본업 그 자체가 SR활동이 되어 사회공헌에 기여할 수 있는 구조로 기업을 바꾸어 가는 움직임이 활발해지고 있다.

중요한 것은 영리조직인지 비영리조직인지와는 관계없이 지속가능한 활동으로 시행한다는 점이다. 그렇게되면 조직을 영리 및 비영리로 구분하는 것 자체가 무의미하게 되기 때문이다. 이는 ISO 26000이 추구하는 목적이기도 하다.

커뮤니티와 점포 - 재해지에서의 점포 사례

지역 커뮤니티에는 교육, 의료, 행사 등의 생활에 관련한 시설이 필요하다. 구체적으로는 학교, 병원, 집회소 등의 시설이 되겠지만 일상생활에 필요한 식품 및 잡화를 구입할 수 있는 점포도 포함된다.

중요한 것은 이러한 시설은 없으면 불편하지만 있다고 해서 무조건 좋은 것도 아니라는 것이다. 이것을 통감한 사례가 동일본대지진 이후 1년 후인 2012년 3월 아사히신문의 「기자유론」에 이와테현 미야코지국 이토 지국장의 의견이 게재되었다. 요약하면, 국가는 가설주택을 공급할 뿐만 아니라 현 외 자본에 의한 점포 출점을 규제하고 지역 영세상점을 지켜야 한다는 것이다. 왜냐하면 힘들게 회복해 온 도호쿠 개인소비로 인한 특수를 향유한 것은 현 외 대기업 계열 점포이기 때문이다. 인구감소 지역에서 대기업이 먼저 활황이 되면 지역 영세상점은 독립하기가 어려워진다. 국가가 경영지도를 강화하여 지원물자는 피해지에서 구입하고 특구 내에서의 대형 점포는 규제해야 한다는 것이다.

구체적으로 지국장이 국가 규제로 지켜야 하는 것으로 든 것은 지역의 영세상점이다. 하나는 건물의 90%가 휩쓸려간 지역에서 재해 반년 후에 재개한 식료잡화점이다. 주위의 불편을 보지 못해 재개를 결단했지만 2개월 후 대기업 편의점 점포가 개장하자 고객이 급속도로 줄어든 것이다. 두 번째는 400호 가설주택에 인접해서 세워진 가설상점가 22개 점포다. 상점가에 사람의 기척이 없는 것은 대형 점포의 송영버스 운영 및 지원물자의 공급 등으로 상점가의 수요가 잠식되었기 때문이라는 것이다.

상점가의 시계 점포는 「가설주택에 들어가면 필요할 것으로 예상하여 알람용 시계를 수 백개 구입해서 왔지만 전혀 수요가 없었다」라고 탄식했다고 한다. 재해시에는 근처 점포의 물자에 도움을 받은 사람도 있다. 그런 점포는 "지역의 재산"으로 지켜나가는 것이 정치의 역할이라고 지국장은 주장하면서 모두 의견의 견지를 이어갔다.

피해지 식료잡화점은 전술한 SR을 수행해야 하는 조직(기업)이라기보다 개인일 수도 있지만 아마 커뮤니티의 일원으로 커뮤니티의 위기에 직면해서 점포 재개를 결단했다. 한편, 편의점 점포는 체인 본사는 대기업으로 SR 차원에서 생각했겠지만, 가맹 점주는 지역 커뮤니티의 일원이다. 스스로의 역할을 고려하여 점포를 재개했을 것이다.

그렇다고 해도 커뮤니티의 사람 수가 적기 때문에 나중에 점포를 개장할 필요가 있었을까? 지역만을 생각하면 그러한 시각도 있을 수 있지만 부흥지원의 볼란테리, 지역 외의 커뮤니티 구성원 등이 모여들면 그러한 사람들에게 편의점 점포는 도움이 될 것이다.

중요한 것은 부흥 후에도 지역 외 커뮤니티 구성원과 함께 커뮤니티의 과제를 공유하고 해결해 나갈 수 있는 가능성 여부다.

커뮤니티 니즈와 점포의 매칭

다시 22개 점포가 있는 상점가를 생각해 보자. 당초부터 400호 가설주택만을 상권으로 설정했을까. 특히 전문점은 어느 정도의 상권 규모가 필요하기 때문에 가설 상점가야말로 버스를 준비해서 여타 지역의 가설주택으로부터도 고객을 모집해야 할 것이다.

상점가에 필요한 상품이 구비되어 있지 않으면 아무리 버스를 제공한다 해도 고객을 모으는 것은 용이하지 않다. 예를 들어 시계점포가 가설주택을 위해 준비했다는 알람시계는 휴대전화로도 대체할 수 있기 때문에 시계라는 품목보다는 생활에 보다 필수적인 것을 갖추는 것이 좋지 않았을까? 주민이 대형점포로 흘러가는 것은 그 나름의 이유가 있다고 생각된다.

국가가 특구 등으로 지정한 지역이 나중에 특구가 해제되자마자 엉망이 된 선례가 적지 않다. 이것은 주민에게 불편을 강요한 셈이 된다. 피해지에서 문제가 되는 것은 반대로 상점이 가까운 곳에 없는 벽지에 가설주택을 짓거나 지역전체가 가설주택으로 이주할 수 없는 상황이다.

미야코시 사례는 가설주택과 가설상점가가 인접해 있기 때문에 이러한 점은 해결되었다고 말할 수 있을 것이다. 그러나, 여기에서의 문제는 가설주택에 거주하는 주민의 니즈와 가설상점가의 물품 구비가 매칭되어 있지 않다는 점이었다. 지역 니즈에 대응할 수 없는 점포는 사라져갈 뿐이었다. 왜냐하면 대체할 수 있는 것이 충분했기 때문이다. 그러나 인구감소 지역에서는 대체할 점포가 새롭게 생긴다는 보장이 없다.

앞서 언급한 지국장이 우려하고 있는 것도 이 점일 것이다. 주변에 있는 점포를 지키지 못한다면 「쇼핑 약자」가 되는 것도 시간문제다. 그렇다고 해서 먼 곳의 대형점을 규제하면 해결되는 문제도 아니다.

쇼핑에 불편을 느끼는 사람의 목소리를 들어보면 가까운 곳에 전혀 가게가 없어서 곤란한 사람들뿐만 아니라 가까운 곳에 원하는 물건을 취급하고 있는 점포가 없어서 어려움을 겪는 사람들도 의외로 많다는 것을 알게 된다. 단순히 주변에 있는 점포를 지키는 것 만으로는 「쇼핑 약자」를 없앨 수는 없다.

지켜야 할 것은 지역 커뮤니티의 「생활의 질」이다. 점포는 그것의 하드웨어적인 면에 불과하다. 소프트웨어적인 면에서의 「생활의 질」이 지켜지지 않는다면 인구 감소를 멈추게 할 수 없다.

커뮤니티와 점포 - 지방도시의 상점가 사례

이번에는 일찍이 번영했던 지방도시를 사례로 커뮤니티와 점포의 관계를 살펴보자. 사례는 교외 SC(쇼핑센터)의 영향으로 이빨이 빠진 것처럼 가게가 줄어드는 가운데 「뭔가라도 해야겠다」는 위기감에서 지혜를 모아 몇 개의 사업을 시작한 상점가에 대한 것이다.

동 상점가는 지역 내 고령자가 많기 때문에 고령자를 대상으로 한 서비스를 중심으로 접근했다. 하나는 택배 서비스다. 동 서비스는 가맹점의 상품 및 서비스를 개재한 카달로그를 회원 가정에 배포하고 전화 및 FAX로 주문을 받아 전담 직원이 배달하는 것이다. 다음으로, 일용품 26개 품목을 하나의 상자에 넣어 상비약처럼 가정에 비치시켜

월 1회 방문 후 내용물을 보고 사용된 분만큼 보충하는 서비스다. 세 번째는 출장 서비스. 집 청소, 정원 손질, 개호 등 일상에서의 다양한 일을 위탁받아 수행한다. 네 번째는 이동판매사업. 가맹점 식품 및 잡화를 차에 싣고 점포가 없어진 과소지역을 주 1~2회 순회한다. 이 중 가장 핵심사업으로 육성한 것은 이동판매사업으로 마음으로 기다려준 고령자가 각지에서 늘어났다.

그렇다고는 해도 이들 사업의 매출은 전담 직원의 인건비도 충당되지 않기 때문에 보조금을 활용했다. 문제는 사업 개시부터 3년이 경과하여 보조금의 종료 시기가 다가오고 있다는 것이었다. 지금 중단된다면 사업을 지속할 수 없기 때문에 국가 및 지자체의 지속적인 지원이 필요했다.

이 사례를 1장에서 언급한 경산성의 「쇼핑 약자 응원 매뉴얼」의 3가지 지원방법에 비추어보면 사업의 종류는 많아 보이지만 거의 대부분이 자택까지 상품 및 서비스를 전달하는 하나의 방법으로 수렴된다. 즉, 서비스가 중복되기 때문에 그 부분을 효율적으로 정리한다면 비용삭감이 가능하다.

문제는 보조금의 지속이 아니라 보조금이 없어도 자력으로 사업을 계속할 수 있는 태세를 어떻게 갖출 것인가 하는 점이다. 그러나, 동상점가가 선택한 길은 보조금 종료 후, 새로운 보조금을 얻어 사업을 계속하는 방법이었다. 보조금은 어느 의미에서는 「우리 모두의 돈」이기 때문에 지역 커뮤니티 모두의 지원을 얻는다면, 어떻게 사용할지는 커뮤니티 자유이지만, 요술방망이처럼 보조금을 사용할 수 있는 것은 아니다. 물론, 보조금을 받아서는 안 된다는 얘기는 아니다. 사업계획에 따라서는 귀중한 지원으로 활용되는 경우도 많다. 다만, 수익성있는 계획을 세워 기간 내에 달성할 수 없을 것 같으면 구조를 근본적으로 재검토해야 할 것이다. 중요한 것은 지속가능한 사회에 공헌할 수 있는 사업인지 여부이다. 보조금에 의존하는 사업으로는 안정된 서비스를 제공하고 있다고 할 수 없다.

커뮤니티와 점포 택배 서비스

점포의 택배 서비스에도 다양한 방식이 있다. 취급하는 상품, 대상고객, 이용할 수 있는 지역 및 범위 등 이용 상황에 따라서 세분화되어 있다.(도표 4-1)

도표 4-1 소매점포의 주요 택배 · 출장 · 이동 서비스

	서비스	주문방법	배송일	배송 지역	사례
점포 연동형	구입상품택배서비스	점포 서비스 카운터	당일	점포 주변에서 확대 경향	이토요카도, 이온홋카이도, 긴쇼스토아
	상품(예약)택배서비스	점포 구입 시, 전화 등으로 주문	당일		세븐일레븐
	인터넷 슈퍼(점포거점형)	인터넷(사업자에 따라 전화 및 FAX 가능)	당일		세이유 인터넷 슈퍼 이즈미야 오쿠라
	카달로그택배서비스	전화 및 FAX (사업자에 의해 인터넷 가능)	당일 익일		헤이와토 이온택배서비스 세븐 일레븐
	영업택배서비스	방문자, 전화 요청자 (태블릿 단말기, 주문 용지)	당일 및 익일		슈퍼산시 맥스밸류
	출장(청부)서비스	점포 카운터, 전화	예약일		카인즈
	이동판매차	순회	주 1회	20~30 km	세븐일레븐
점포 분리형	생협 택배	주문용지, 전화, FAX, 인터넷	정기(주1회)	사업 지역	코프넷 생협의 택배 밸류시스템
	인터넷 슈퍼	인터넷(사업자에 따라 전화 및 FAX 가능)	당일	지정지역	서밋네트슈퍼 한큐키친엘
		인터넷	정기		래디시슈퍼마켓
	인터넷 통판	인터넷	익일 이후	전국	세븐넷쇼핑 이온쇼핑
	TV 카달로그 통판	인터넷, 전화, FAX	7~10일 후		이온사쿠와

예를 들어 세븐일레븐은 택배서비스, 배식서비스, 이동판매차의 3가지 방식을 갖추고 있다. 각 서비스에 대해서는 2장에서 자세히 살펴보았다. 세븐일레븐 각 점포는 입지 및 지역적 특성 등을 감안하여 택배 + 배식 혹은 이동판매 + 배식을 조합하여 활용하고 있다.

택배서비스 「락쿠락쿠 배달」은 초소형EV(전기자동차)로 점포에서 5~10분 정도의 상권 내 배달에 대응한다. EV의 유지비 및 배달원의 인건비 등을 고려하여 하루당 5~6건 주문으로 채산성을 확보할 수 있다(사진).

세븐일레븐의 「락쿠락쿠 배달」 전용차
초소형 EV(전기자동차)로 좁은 공간으로 충분하다

이동판매차 「안심 배달」은 5온도대 보존 상품을 위해 개조한 소형 트럭으로 점포에서 20~30km 떨어진 지역을 교대로 6~7시간을 기준으로 순회 판매한다. 차량은 본사가 무료로 대여해 준다. 운전수와 판매원을 혼자서 수행하는 중노동이지만 그만큼 수익성 개선효과가 있다.

주문받은 상품을 점포에서 배달하는(점포연동형) 택배서비스의 경우, 앞서 언급한 상점가와 같이 처음부터 담당 직원을 배치하는 경우는 많지 않다. 주문 건수가 크게 증가할 경우에나 주문을 관리하는 직원을 배치하는 정도이며, 상품의 픽업 등은 통상의 점원이 분담한다. 왜냐하면 택배서비스는 쇼핑에 부수적인 서비스로 인식되어 배송차 및 배달원 등에 드는 비용을 그대로 요금에 반영할 수는 없기 때문이다. 그래서 이러한 비용을 흡수하기 위해 택배 시간대와 배송 루트를 효율적으로 조합한다든지 매출 금액의 인상을 도모하거나 점포연동형 택배서비스의 경우 점포에서의 통상적인 업무에 포함시켜 채산성을 확보하면서 지속적인 서비스가 가능하도록 노력하고 있다.

물론, 이용자의 편의성 개선에도 주의를 기울이고 있다. 주문방법을 인터넷 슈퍼나 인터넷에 한정되지 않고 전화 및 FAX 등이 가능하도록 대응하거나 배달 시간대 지정을 가능한 세분화하거나 배달 전에 알려주는 알림 서비스도 있다.

택배 이용자 중에는 자연식 식품 및 생협의 택배가 취급하는 농약/첨가물/제조법/식육법 등에 신경을 쓴 상품에 매력을 느껴 이용하는 사람도 적지 않다. 그러나 주문에서 배달까지 시간이 다소 걸리거나 배달된 상품 내용이 임의적인 경우도 있다.

「레디시로손 슈퍼마켓」은 보손과 자연식 식품 택배의 「레디시보야」에 NTT 도코모가 합류한 택배서비스로 기존의 레디시보야와 달리 입회금 및 회비가 없고 내용물의 변경이 가능하다든지 배달 시간대를 선택할 수 있다든지 종래의 자연식 식품택배의 단점을 보완했다.

쇼핑의 편리 및 불편을 느끼는 방법

전술한 택배서비스 중, 꾸준히 인기를 얻고 있는 것이 고객이 점포에서 쇼핑하고 구입한 상품을 택배로 보내주는 서비스이다. 세븐일레븐의 「락쿠락쿠 배달」은 전화 등으로 주문받은 상품과 함께 고객이 점포에서 구입한 상품도 함께 택배로 보내준다.

집에 머물면서도 원하는 상품을 구입할 수 있는 택배서비스는 편리하다. 도표 4-1과 같이, 점포연동형 택배 서비스의 경우, 당일 배달도 많고 배달 지역도 꾸준히 확대되고 있다. 특히, 인터넷을 활용하여 소요 시간을 단축할 수 있게 되었다.

한편, 쇼핑할 때는 점포에서 여러가지 상품 중에서 선택하고 싶고 가능하면 본인 눈으로 보고 손으로 만져보고 싶다고 생각하는 사람도 적지 않다. 집에 머무르는 것보다 쇼핑 목적으로 외출하는 것에 가치를 두고 있는 것이다. 다만, 쇼핑한 후에 구입한 상품을 들고 귀가하는 것은 별개이다. 빈 손으로 돌아올 수 있는 택배는 확실히 편리하다. 이와 같이 같은 택배서비스라고 해도 사람에 따라서 무엇에 가치를 두는가에 따라 편리함의 의미는 달라진다.

집에 머무르면서 상품을 입수할 수 있는 택배 서비스를 편리하다고 생각하는 사람에게는 인터넷이 필수품이다. 외출해서 쇼핑하는 것에 가치를 두는 사람에게는 점포까지의 수단이 중요하다. 모터리제이션에 의해 이제까지는 대부분 자동차를 이용했다. 지금도 자동차를 필수품으로 생각하는 사람 및 지역이 많다.

문제는 고령 등을 이유로 안전하게 자동차를 운전할 수 없게 될 경우이다. 공공의 교통기관이 없어진 지역도 많기 때문에 점포의 송영버스, 커뮤니티 버스 등의 교통수단을 갖출 필요가 있다. 혹은, 도보권 내에 점포를 만들거나 이동판매차를 순회시키는 것도 생각할 수 있다.

카달로그 및 인터넷 쇼핑 등으로 자택에 머물면서 쇼핑하는 방법은 외출해서 쇼핑하는 것에 가치를 두는 사람들에게 편리한 서비스라기보다는 대체 서비스에 불과하다. 그렇다고는 해도 인터넷을 편리한 도구로 사용하는 사람들도 모든 쇼핑을 인터넷으로 끝내려는 사람은 현재 시점에서는 소수이다. 또한,「쇼핑 약자」에 대한 인터뷰 조사에 의하면, 인터넷 및 카달로그에서 상품을 선택하는 것 보다도 실제로 상품을 손에 쥐고 보면서 선택하고자 하는 사람들이 많은 것 같다.

커뮤니티의 점포 만들기

지금「쇼핑 약자」에 대한 쇼핑 지원에서 가장 우선적으로 검토해야 할 방법은 택배서비스 제공보다는 점포를 만드는 것과 이동판매차의 운영이다. 이러한 방법이 이용자의 희망에 보다 부합한다. 택배서비스는 점포와 연동해서도 분리해서도 제공할 수 있다.

점포를 만들 때에는 입지를 꼼꼼히 검토할 필요가 있다. 「쇼핑 약자」가 있는 지역에서는 이전 점포가 있었지만 어쩔 수 없이 퇴점한 지역도 많다. 그곳에 다시 점포를 만드는 것은 말처럼 그리 간단한 일이 아니다. 그러나, 그것도 생각에 따라서는 달라질 수 있다고 생각한다.

이른바 경쟁점포의 존재에 위협받지 않는다고 하면 계획대로 사업을 추진할 수 있다. 향후 인구증가를 예상할 수 없는 상황에서는 매출 증가도 기대할 수 없지만 방향성은 분명하다. 설정한 상권 내 이용자 니즈에 철저히 대응해 나감으로써 지속가능한 점포를 만드는 것이다. 커뮤니티 비즈니스로서 임해도 이제까지 이윤을 추구한 기업이어도 기본적인 방향성은 다르지 않다.

구체적인 점포 입지로는 이용자가 걸어서 쇼핑할 수 있는 위치가 좋지만 이미 커뮤니티 센터, 학교, 주민센터 등의 공공시설이 모여있는 장소가 있으며 그 근처에 세우는 것이 이용하기 편리하다.

지역에 따라서는 커뮤니티 중심이 되는 장소가 없고 소규모 촌락이 분산되어 있는 경우도 있다. 현재로는 이동판매차가 순회하고 있지만 새롭게 점포를 만드는 경우에는 그것을 계기로 중심지를 만들어 가는 것도 하나의 방법이라 생각한다. 커뮤니티 중심지가 된 장소에는 생활관련 시설과 함께 공공주택 및 고령자 대상 주택 등도 정비되어 살기 좋은 환경이 갖춰진다.

또한, 인구감소 지역에서는 빈 집 및 공터 관리도 문제가 되고 있다. 현명하게 활용할 수 있다면 커뮤니티의 상징으로 만들 수도 있다. 중요한 것은 점포를 만드는 것이 아니라 점포의 물품 비치가 이용자의 니즈에 부합하는가 여부다. 점포는 만들면 끝이 아니라 이용되지 않으면 의미가 없을 뿐만 아니라 유지할 수도 없다.

다만, 지역 내 주민인 만큼 지역에서 수확한 물건을 중심으로 물품을 비치하여 점포를 만드는 사례도 확인되고 있지만, 상품의 편중, 인기상품의 부족 등이 두드러진다. 지역의 산품만으로는 부족하지만 폭넓게 물품을 조달하는 것도 한계가 있다. 그 때문에 매출이 낮다거나 이용객수가 적어도 어떻게든 운영이 된다면 오히려 문제이다. 매출이 낮다거나 이용객수가 적은 것은 만족하지 못한 사람이 많다는 의미이기 때문이다. 모처럼 점포를 만들었지만 모두가 편리하다고 생각하지 않으면 "불편함의 공유"가 되어 버린다.

커뮤니티와 편의점의 가능성

지역 내에는 상점가, 식품 슈퍼, 약국, 편의점 등의 형태를 가진 점포가 있고 쇼핑 목적에 따라 각각 이용상황이 달라진다고 해도 인구감소가 심화되면 최종적으로는 1개 점포가 될 수도 있다.

비록 인구감소 지역이라고 해도 「생활의 질」은 유지되기를 기대한다. 이를 위해서는 최종적으로 남는 1개 점포는 지역 니즈의 모든 것을 도입하지 않으면 안 된다. 그 1개 점포 형태는 슈퍼이거나 약국이거나 편의점이거나 지역에 따라서는 상이할 것으로 생각하지만 지역의 니즈를 충족시키기 위해서는 IT 인프라에 더해 상품조달, 물류, 정보 등이 시스템화된 점포가 되어야 한다.

3장에서 경산성의 「쇼핑 약자 매뉴얼」을 소개했지만 사례로 든 점포에는 전국구 체인 및 지역 체인에 가입하여 이용객수가 증가하거나 객단가가 상승하는 경우도 있다.

체인 점포가 개별 점포에 비해 점포 내 물품 비치가 잘 되어있고 필요한 상품의 공급도 부드럽게 진행된다. 또한, 전술한 대로 지역 외 데이터를 포함하여 어떠한 상품 및 서비스가 요구되고 있는가를 분석하는 기능도 뛰어나다.

다만, 체인 전개 방식에는 체인 본사가 본사 주도로 점포를 만드는 방식(레귤러 체인)과 편의점처럼 가맹점을 모집해서 점포 운영을 맡기는 방식(프랜차이즈 체인 및 볼란테리 방식, 각각의 특징에 대해서는 1장 맨 뒷 부분 참조)이 있다.

레귤러 체인의 경우는 체인 본사가 스스로의 부담으로 점포를 만들어 운영하지만 가맹점을 모집하는 체인은 점포를 만들기 전에 체인 본사와 가맹점이 계약을 맺고 기본적으로는 점포를 만드는 비용에서 운영 비용까지 가맹점이 부담한다.

각각의 장점과 단점이 있지만 지역 커뮤니티의 생활기반을 지탱하기 위해서는 커뮤니티의 의사가 반영되는 것이 중요하다. 그것에는 커뮤니티가 점포의 운영에 관여할 수 있듯이 레귤러 체인의 경우는 권한을 이양하거나 가맹점을 모집하는 체인의 경우는 가맹조건을 완화할 필요가 있다. 또한, 퇴점한 점포 터에는 대개 다음 개발자가 결정될 때까지 빈 점포로 방치되지만 앞으로는 퇴점한 후는 다시 토지로 되돌린다는 규칙이 필요하다고 생각한다.

고객에서 파트너로

커뮤니티를 위해 의도적으로 점포를 만든 것이기 때문에 지역 내 모든 세대가 이용할 수 있는 점포로 만들어야 한다. 커뮤니티 전체를 점포만들기에 관여시켜 각자가 원하는 물건 및 서비스 도입을 목표로 한다면 "우리들의 커뮤니티 점포"를 지키자, 좋게 만들자는 분위기가 형성된다.

이제까지 취급 상품 및 서비스가 마음에 들지 않은 점포에 대해 참거나 불만을 표시하거나 아무말도 하지 않고 이용하지 않게 된 것은 점포에 대해 자신은 "고객"이라고 생각하기 때문이다. 한편, 점포 측에서도 이용자를 "고객"이라고 생각하고 있기 때문에 가능한 범위 안에서만 대응하고 허심탄회하게 대화하지는 않는다.

"고객"은 쇼핑 행동의 대부분을 무의식적이며 자각하는 경우가 적지만 유통업계에서는 생각하고 무의식의 의식 및 잠재적인 니즈를 파악하는 연구를 해 왔다. 그 목적은 「고객만족」을 극대화하고 지속적으로 "고객"이 되기를 기대하기 때문이다. 그러한 연구를 "고객" 중에는 수상하다고 생각하고 있는 사람도 있을 것이다.

그러나, "우리 커뮤니티의 점포"는 다르다. 커뮤니티의 구성원 모두는 대등한 파트너로서 커뮤니티의 점포를 운영해 간다는 점에서 가치관을 공유한다. "고객"에서 "파트너"로 입장이 변함으로써 점포의 운영목적도 이제까지의 「고객만족」에서 「가치관의 공유」로 변한다.

그렇다고 해서 다만 허심탄회하게 이야기만 하면 잘 될 것이라고 생각할 정도로 점포 운영은 간단한 것이 아니다. 앞으로도 「삶의 질」을 유지하고 커뮤니티로서의 쾌적성을 추구하고 자신들을 위한 잠재적인 니즈를 체인 본사와 연계하면서 연구해 나가야 한다.

커뮤니티 점포는 커뮤니티에 모인 남녀노소, 다양한 사람들이 일하는 곳이다. 세대를 넘은 커뮤니케이션 수단을 찾아낼 필요도 있다. 중요한 것은 시스템을 변화시키는 것 이상으로 의식도 변화시켜 나가야 한다는 것이다.

[Column 4] 편의점의 하루 (미래편)

편의점 B의 하루

202X년 어느 날 오후 11시를 지난 시점에서 편의점 B점에 편의점 로고 마크가 붙어있는 배송차가 도착했다. 배송차에서 내려진 것은 상품과 함께 크고 작은 종이박스가 상당 수 섞여 있었다. 오후 11시에 B점의 영업은 종료되었고 이미 점포 불빛도 꺼져 있었기 때문에 상품 등은 곧바로 창고로 운반되었다. 거기에는 종료 이후 작업을 담당하는 쥰 씨(55세)가 있어 운반된 상품 및 종이박스를 분류하고 있었다. B점 창고 벽면에는 번호가 붙은 상온 선반, 반대편에는 냉온(4~5도), 정온(18~20도), 냉동(마이너스 25도) 등 온도대로 나뉘어진 선반이 설치되어 있고 운반되어 온 물건의 종류에 맞추어서 적절한 온도대에서 관리되고 있다. 종이 박스는 인터넷 쇼핑에서 구입된 상품이다. 내용은 서적 및 DVD, 소형 가전, 식품, 생활잡화, 의복 등 다양하다. 어른의 종이 기저귀 및 개호 용품, 냉동 개호식 등도 있다. 쥰 씨는 휴대용 단말기기로 운반된 상품의 번호와 상품을 올려 놓은 선반 번호를 스캔하고 있다. 그러자 창고 천장 가까운 곳에 설치되어 있는 큰 모니터화면에 입력한 상품에 대한 상세 내용이 비춰진다.

쥰 씨가 상품 등의 물품 분류를 하는 동안, B점에 병설되어 있는 푸드 코너에서는 카페부분담당 마미 씨(24세)가 영업 종료 후 정리를 하고 있다. 방금 전까지 심야근무 했던 간호사들이 커피를 마시거나 야식을 먹고 있다. B점 주변에는 병원 및 개호 서비스 시설이 모여있다. 이 외에도 학교, 우체국 등의 공공성이 높은 시설이 집적되어 있어 주변지역의 중심지가 되어 있다. 중심지라고 해도 작은 집락이 점재되어 있는 지역 중에 비교적 번화한 지역이라는 의미로 주변지역을 포함해 2,000세대 정도가 커뮤니티를 형성하고 있다.

　B점은 그 커뮤니티에 참가하고 있는 사람들에 의해 운영되고 커뮤니티로서 대기업 편의점 체인에 가맹되어 있다. 즉, 쥰 씨도 마미 씨도 커뮤니티의 한 구성원으로 B점의 운영에 참가하고 있다. 밤이 깊어지자 커뮤니티도 잠이 든다. 커뮤니티의 특징을 고려, B점은 체인 본사와의 계약으로 24시간 영업을 하지는 않는다.

＊ ＊ ＊

　오전 6시경 B점포 앞 버스 정류장에 커뮤니티 버스가 도착하자 아침 일찍 일을 시작하는 사람들이 내렸다. 그 중 몇 명은 B점포로 향했다. 이제부터 개점 준비의 시작이다.

　창고의 큰 모니터 화면을 토오루 씨(28세)와 미도리 씨(76세)가 바라보고 있다. 오늘 작업 메뉴를 확인하고 있는 것이다. 어제 밤 쥰 씨가 입력한 번호가 주문된 상품인지 판매하는 상품인지, 주문된 상품은 가게 인도인지 혹은 택배인지를 확인하면 미도리씨는 점포에 물건을 진열하고 토오루 씨는 이동판매차로 상품과 배달품의 선적을 시작했다.

B점에 병설된 푸드 코너에서도 각 부분 담당자들이 바삐 일하고 있다. 오전 7시 조금 전, 미토코 씨(68세) 마츠에 씨(72세)가 합류하여 B점은 오픈을 맞이한다. B점포의 아침 담당자는 아침에 일찍 일어나는 건강한 고령자들이다. 그리고 점포 앞 버스 정류장에 커뮤니티 버스가 도착할 때마다 사람들이 내리고 내린 사람들의 대부분이 B점포를 이용한다. 자가용차로 출근하는 도중에 방문하는 사람도 있다.

토오루 씨는 이동판매차의 준비가 완료되자 출발 준비에 들어갔다. 토오루 씨는 학교 졸업후 도시에서 생활했지만 커뮤니티에 의한 편의점 영업을 알게 되어 고향으로 되돌아 왔다. 이동판매차 담당은 체력이 관건이지만 어느 지역에 가도 반가이 맞이해 주는 사람들이 있어서 일하는 보람을 느끼고 있다.

오전 9시가 되자, 점포앞에 자가 재배 농산물을 가져오는 사람, 쇼핑하려 오는 사람, 기다리는 사람 등 조금 시간에 여유를 가진 고객이 늘어난다. 점포 옆 충전스탠드에 EV(전기자동차)가 들어왔다. 차에서 내린 사람은 홈 헬퍼인 소에 씨(46)이다. 충전 중에 카페에서 잠시 쉬고 편의점에서 개호용품 등을 수취하고 방문처로 향했다. 소에 씨도 B점포를 운영하는 커뮤니티의 일원이다. 커뮤니티에서는 홈 헬퍼의 파견사업을 하고 있다.

* * *

성오 시프트는 고령 점원이 많기 때문에 단기간에 교체되지만 창고의 대형 모니터화면에 누가 언제 무엇을 담당하는 지를 그때 그때 확인하면서 작업하기 때문에 혼잡해 지는 경우는 없다. 대형 모니터 화면은 문자의 크기뿐만 아니라 문자 및 배경색에도 신경을 써서 시력이 약한 고령자들도 확인하기 쉽게 배려되어 있다.

방문객의 흐름도 완만해졌다. 아침 이른 시간이 지나면 오전 늦은 시간부터 큰 혼잡은 거의 없다. 푸드코트는 정오에는 다소 혼잡해지지만 시간에 여유가 있는 사람들이 점심시간을 피해서 이용하기 때문에 편의점은 항상 여유가 있다. 그 동안에도 창고 대형 모니터 화면에는 인터넷 쇼핑 등에서 구입한 상품의 보관 의뢰, 요청 상품의 주문 의뢰 등이 들어온 순서대로 비춰지고 자동적으로 기록되고 있다.

최근에는 판매하기 위한 상품보다 의뢰받은 상품 취급량이 더 많다. 개별적으로 택배서비스를 이용하게 되면 수수료가 들지만 편의점 점포를 경유하면 무료이기 때문에 의뢰자가 늘어난 것이다. 또한, 상품의 수주와 발주는 본사에 의한 빅데이터 해석에 의해 예측량이 대형 모니터에 표시된다. 점포에서는 큰 변동사항이 발생하지 않는 한 추인한다. 이전에 비해 폐기 비용, 판매기회 로스 모두 크게 감소했다.

오후 3시 경 B점 운영책임자인 사키 씨(42세)가 모습을 나타냈다. 하루 매출을 확인하기 위해서이다. 운영책임자로서 사키 씨가 점원의 월급과 경비 관리를 하고 있다. 때로는 여타 지역의 커뮤니티 구성원들이 방문한다. 주민들과 병설 카페에서 이야기를 나눈다. 사키 씨도 함께 편의점 운영에 대해 논의하기도 한다. 오후 4시가 지나 토오루 씨의 이동판매차가 돌아왔다. 상품을 모두 차에서 내려 선반에 진열한다. 고령 점원을 대신하여 아르바이트생이 교대로 들어왔다. 근처 시설에서 일을 끝낸 사람들의 방문이 증가하는 시간대이다.

아침과는 반대로 B점포에서 쇼핑한 사람들은 점포 앞 버스 정류장에서 커뮤니티 버스를 타고 집으로 향한다.

제5장

동일본대지진과 편의점

I.「라이프라인」으로서의 자각

피해 편의점은 2천 점포 이상

2011년 3월 11일 14시 46분. 도호쿠지역에서 간토지역에 걸친 미증유의 대재해로 인해 동 지역 내 편의점도 막대한 피해를 입었다. 당시 피해를 입은 지역 내에는 5천 개가 넘는 편의점이 입지해 있었다. 이 중 약 40%에 달하는 2천 점포 이상이「하루 이상 휴점을 하지 않을 수 없는」상태였다.

편의점 업계에서는 피해지역에서 점포 영업을 계속하는 것과 피해지역 점포를 조기에 복구시켜 영업을 재개하는 것이 재해 발생 시 우선사항이었다. 즉, 지진으로 선반에서 상품이 떨어진다든지 창문유리 및 문이 파손된 점포도 응급조치로 대응하고 곧바로 영업을 재개할 수 있도록 한 것이다. 그렇기 때문에 하루 이상 휴점하게 된 경우는 피해가 가볍지 않았다는 의미이기 때문에 이러한 점포는「피해점포」로 조기에 복구하여 영업을 재개시켰다. 한편, 피해가 심한 경우에는 복구가 사실상 어렵기 때문에 체인 본사가 복구에 필요한 인적, 물적, 금전적 측면에서 지원하였다. 예를 들어, 패밀리마트는 도호쿠 지역과 간토지역 약 3백여 개 점포가 피해를 입었다. 피해입은 점포 내부와 주위를 청소하거나 상품을 재진열하고, 점원의 부족을 보충하기 위해서 약 2개월 반에 걸쳐 총 1천 명의 본사 사원을 파견했다. 사원의 출장비 만으로 1억 엔을 상회한 것으로 알려졌다.

이와 병행하여 패밀리마트는 점포가 전부 파손 또는 절반 파손된 가맹점 점주를 대상으로 일률적으로 100만 엔의 격려금을 지급하였고, 「최저보증제도」를 확대운용하여 보증액을 지불하였다. 또한 생활필수품이 부족한 가맹점 점주 및 점원들에게는 식료품 등도 배포했다. 한편, 서클K산크스는 피해 점포 점주가 희망할 경우, 점주를 사원으로 고용하고 점포 재건까지 1~2년간 근처 점포에서 일할 수 있도록 했다.

이처럼 체인 본사의 복구 지원은 단순히 물리적으로 점포를 영업할 수 있게 하는 것에 그치지 않았다. 점포 점주 및 점원의 생활까지를 감안했다. 그들이 생활을 유지할 수 없게 되면 점포의 영업재건은 불가능하기 때문이다. 모든 체인 본사도 피해 점포를 안게 되었지만 유사하게 물심양면 지원을 아끼지 않았다. 이에 의해 당초에는 2천 점포를 상회하였던 피해 점포도 5월 말까지 90% 이상이 영업을 재개할 수 있었다. 그러나 유감스럽게도 해일로 점포가 떠내려갔거나 후쿠시마 1원전 사고로 어쩔 수 없이 영업정지되는 재개불능 점포도 상당수 발생했다.

편의점의 재해 지원

편의점이 이렇게까지 점포의 영업재건에 힘을 쏟는 것은 소매업으로서 "라이프라인"을 지킨다는 사명감이 있었기 때문이다. 라이프라인이란 일반적으로 전기, 가스, 수도, 교통, 통신 등의 생활에 관련한 인프라 설비를 지칭하지만, "소매업"이라는 시점에서는 생활에 반드시 필요한 식료품 및 일용잡화 등의 필수품을 공급하는 것을 의미한다.

원래 소매업에 의한 필수품 공급도 일반적인 인프라 설비가 정비되어 있지 않으면 불가능하지만, 대부분의 대규모 소매기업은 체인 스토어의 강점을 살려 독자적으로 피해점포 복구를 지원함과 동시에 피해지역에 지원물자를 공급했다. 지원물자의 제공을 위한 각 체인 본사의 대응은 매우 신속했다. 주요 체인은 재해 당일에 지원물자를 보내기 위한 준비에 돌입했다.(도표 5-1)

세븐일레븐은 그 중에서도 신속히 대응하여 재해 발생 다음 날인 3월 12일에 도착할 수 있도록 각 피해지 대책본부에 물자를 제공했다. 이를 위해 일부에서는 헬리콥터도 동원되었다.(도표 5-2)

로손도 일본항공(JAL) 및 자위대와 연계하여 하늘을 통해 물자를 운반했다. 조금이라도 빨리 도착할 수 있게 하기 위해서는 이 방법밖에 없었다. 한편, 패밀리마트는 오랜기간 동안 지원을 계속했다. 12일부터 17일까지 약 5번에 걸쳐 각지의 배송거점에서 피해지역으로 물자를 공급했다. 서클K상크스는 여타 체인 본사보다도 많은 지원물자를 체인 본거지인 나고야로부터 보냈다.

각 체인들은 피해지역 대책본부와의 연계를 통해 각종 물자를 지원

도표 5-1 동일본대지진 관련 주요 사건과 편의점의 대응
(3월 11일부터 2주간)

일시	지진관련 주요 사건	편의점의 대응
11일	본진 발생(M9.0) 도호쿠지방에서 간토 태평양측으로 대해일 수도권에서 515만 명 귀가난민 발생 도내 피난소 이용자 9만 4천명	패밀리마트는 센다이시에서 도호쿠6개현과 니가타현의 「가맹점 대상 정책발표회」개최 도쿄, 가나가와, 사이타마, 지바에서 귀가지원 서비스 「재해시에 있어서 귀가곤란자 지원에 관한 협정」을 맺은 지자체의 요청에 기초하여 화장실, 수도물, 도로사정 등의 정보를 제공 대규모 체인은 피해지에 지원물자를 보내는 준비를 개시
12일	후쿠시마 제1원전 폭발 총리가 반경 10km 주민에게 대피 지시반경 20km피난 지시 확대 센다이시 재해대책본부가 음식 및 일용품 등을 취급하는 점포에 영업 요청	세븐 일레븐, 로손이 피해상황확인을 위해 사원을 파견 피해자 구제에 자위대 10만 명 투입 각국의 구원 팀 피해지 도착
13일	피해자 구제에 자위대 10만 명 투입 각국의 구원 팀 피해지 도착	각 체인 점포에서 「도호쿠지방 태평양지진의 의원금 모집」 개시 로손「피해지점포에의 상품 공급을 최우선」선언 각 체인 점포에서 "자주 절전"개시 세븐 일레븐은 도호쿠 도쿄전력 관내 → 3/18 피해지 제외 전 점포로 확대, 로손은 피해지역을 제외한 전 점포, 패밀리마트는 전 점포
14일	후쿠시마 제1원전 3호기 폭발 도쿄전력의 계획정전 시작	계획정전지구 내 영업은 세븐 일레븐: 기본적으로 주야개점, 로손과 패밀리마트: 낮에는 개점, 야간은 방범을 위해 폐점
15일	후쿠시마 제1원전 4호기 화재 후쿠시마, 이바라키에서 방사선량 상승 30km권 주민에게 옥내 대피 지시 시즈오카현 동부지역에서 지진발생	대형편의점 피해지의 영업상황이 점차 판명 세븐 일레븐은 최대 약 600 점포의 영업 정지가 320 점포로 축소. 패밀리마트에서는 최대 300 점포가 110 점포로 축소, 로손은 전체의 85%가 영업 패밀리마트가 해외지점에서 모금활동을 개시
16일	도호쿠전력도 계획정전 개시 미야기현경찰에 의해 11일부터 13일까지 현내 편의점 및 음식점 등의 강도사건이 21건 발생 재해 편승 절도사건 증가	패밀리마트가 아오모리 점포로 해로를 통해 빵을 공급
17일	장관의 도내 편의점 물품 상태 시찰	
18일		
19일	후쿠시마현산 우유, 이바라키현 시금치에서 규정치를 상회하는 방사선량 검출	세븐 일레븐이 해외 점포(11개국)에서 점포 모금활동을 전개
20일	도치기 및 군마현산 야채에서도 규정치 상회 방사선량 검출	
21일	정부가 규정치 상회 농산물 출하 정지 조치	
22일	도쿄도가 정수장에서 고농도 방사선량을 검출	패밀리마트가 대만 점포에서 주먹밥 1개당 1원의 모금 개시 미니스톱 센다이 센터 가동
23일	도쿄도 등 유아에게 음료수 배포	대규모 편의점 피해지의 약 80% 점포가 영업을 재개했지만 물품 부족 심각
24일	도호쿠지역 자동차로 등 교통규제 전면 해제 후쿠시마 제1원전에서 작업원 피복당해 병원 운송	로손 Ponta와 LAWSON 네트로 미곡구입시 포인트 3배 분을 제공 개시
25일	농수산성 생수 생산 확대 요청 재해사망자 1만 명 상회(경찰청 조사)	
26일	피해지에서의 택배서비스 편의점 접수 개시	미니스톱이 미야기 및 후쿠시마현 점포로 세이코마트의 PB 우유를 공급

출처: 매스컴, 언론 및 각 사 발표자료에 기초하여 작성

도표 5-2 동일본대지진 시 대규모 체인점의 긴급지원 물자의 제공

		세븐 일레븐	로손	패밀리마트	서클K산크스	미니스톱
1회	일시	3월 12일 도착	3월 13일(사이타마 발)	3월12일 (시즈오카발)	3월 12일(나가타발)	3월12일 도착
	도착지	미야기현 재해대책본부	미야기현 재해대책본부	이와테 유통과	이와테현 재해대책본부	아오모리, 미야기, 후쿠시마대책본부
	물자	생수 2L × 3만 개, 과자빵 1000개, 바나나 1080 상자	생수 2L × 5,760개, 컵라면4만개,젓가락, 건전지, 마스크	젤리음료 390 식, 과자 306개, 컵라면 831개	과자(초코빵, 스낵 등) 3만 봉지	생수 2L × 1,520개, 과자빵 6,000개
	도착지	센다이시 재해대책본부		하치노에시청 관리과		
	물자	모포 90 매		젤리음료 384개, 과자 312개, 컵라면 996개		
	도착지	후쿠시마현와케이부라 주민센터				
	물자	생수 2L × 1,728개				
2회	일시	3월 12일~13일 도착	3월 14일도착	3월 13 (사이타마발)	3월 12일(나고야발)	
	도착지	미야기현과 와테현의 재해대책본부	아오모리현 재해대책본부	동사 군야마상온센터	후쿠시마현 재해대책본부	
	물자	모포 1만 매, 세븐일레븐 밥 200g × 4,800개	주먹밥 1,450개	천연수 500ml × 14,400 개, 컵라면 4,800개	생수 500ml × 14,400 개	
	도착지	미야기현 재해대책본부	이바라키현 재해대책본부		미야기현 재해대책본부	
	물자	급수차 1대	주먹밥 18,550개, 빵 1만 개		차 500ml × 36,000, 컵라면 86,000개, 인스턴트카레 3만개, 마스크 907,200개, 모포 1000개	
	도착지	군마시청				
	물자	식빵 4,225개, 총빵 1,693개				
3회	일시		3월 15일 도착	3월 15일(사이타마발)	3월 12일~13(나고야발)	
	도착지		이와테현 재해대책본부	시오가마 시청	이와테현 재해대책본부	
	물자		빵 24,000개	생수 1.5L × 1,680개, 컵라면 10,000개	페트병 오차 2,668개, 캔커피 3,600개, 생수 8,064개, 빵 4,000개	
	도착지		후쿠시마현 재해대책본부			
	물자		빵 10,000개			
	도착지		후쿠시마현 재해대책본부			
	물자		주먹밥 25,000개	주먹밥 25,000개		
4회	일시		3월 18일 도착	3월 16일		
	도착지		미야기현 재해대책본부	동 사 후쿠시마센터		
	물자		주먹밥 2만개, 빵 11,000 개, 주먹밥 1만 개	현 쌀 510kg		
5회	일시			3월 17일(삿뽀로 발)		
	도착지			이와테산업문화센터		
	물자			야키소바 480개		

출처: 각 체인 발표자료를 기초로 작성

했다. 모든 체인이 피해점포를 안고 있었기 때문에 복구지원과 동시에 피해주민에 대한 지원도 병행했다. 이것은 편의점에 국한된 것은 아니었다. 슈퍼마켓, 홈센터, 드러그스토어 등의 체인들도 피해점포의 복구와 함께 지원물자를 제공했다. 또한, 소매업체는 물자를 제공하였고 음식점 등의 체인들 중에는 "배식"을 실시한 곳도 있었다. 편의점 체인들은 모금활동에도 참여했다. 이러한 활동을 주요 체인들은 재해 발생 다음 날부터 개시하였다. 통상적으로는 편의점 계산대 옆에는 흔히 볼 수 있는 모금상자이지만 이 때는 실제로 모금에 참여한 사람들도 많았다.

세븐일레븐, 패밀리마트 등 해외로 점포를 확대하고 있는 체인들은 해외에서도 유사한 모금활동을 전개하였다. 로손은 공통 포인트카드인 「Ponta」를 활용한 모금활동도 기획했다. 로손은 피해 시마다 모금활동을 전개하고 실적을 공표해 왔는데, 동일본대지진 때에 모은 금액은 재해 다음 날부터 4월 말까지의 43일간 9억2,800만 엔에 달했다. 이전 최고 모금액은 2004년 10월 니가타현 주에츠지진 때 모은 약 9,400만 엔이었다는 것을 감안하면 거의 10배의 금액이 모금되었다. 니가타현 주에츠지진 때에도 편의점은 구원물자를 보냈고 일부 지역에서는 헬리콥터를 사용했다.(도표 4-3)

편의점이 보낸 지원물자의 양으로도 니가타현 주에츠지진 피해 정도를 짐작할 수 있다.동일본대지진 때에는 니가타현 주에츠지진의 10배 이상의 지원물자가 보내졌다.

도표 5-3 과거 재해 시 편의점의 지원물자 제공 내역

년	월일	지진명	지원물자 내용
2004년	10월 23일	니가타현추에 초지진	도시락: 1,000개, 주먹밥: 229,800 개, 빵: 546,000 개, 즉석면: 9,000개, 물: 12,500 개, 야채주스: 5,000개, 손난로: 25,000개, 티슈: 1,000개, 젓가락: 8,000개 (헬리콥터에 의한 운송)
2005년	3월 20일	후쿠오카현/세호오 키지진	주먹밥: 5,000개, 즉석면: 2,000개, 물: 3,600병, 젓가락: 2,000개
2007년	3월 25일	노토한토지진	도시락: 600개, 주먹밥: 10,400개, 빵: 400개, 즉석면: 4,460개, 물: 6,000 개, 티슈: 120개, 젓가락: 4,000개, 비닐봉지: 4,000개
	7월 16일	니가타현추에 초지진	도시락: 4,000개, 주먹밥: 296,000 개, 빵: 216,000개, 즉석면: 4,428개, 물: 92,864 개, 티슈: 960개, 젓가락: 4,000개, 비닐봉지: 4,000개
2008년	6월 14일	이와테/미야기 내륙지진	주먹밥: 22,600 개, 빵: 500 개, 즉석면: 530개, 차: 1,200개

출처: 일본 프랜차이즈협회

편의점에 상품이 없다!

편의점 각 체인이 취한 대응은 신속했다. 초기 대응으로 주요 체인들은 진원지에서 5~10분 걸리는 지점에 대책본부를 설립했다. 이제까지 구축해 온 재해시 매뉴얼 덕택이었다. 그러나 동일본대지진 때에는 많은 사람이 편의점을 방문했지만 「점포에 물건이 없는」 상황이 발생했다. "물품 부족" 이라는 심각한 문제가 발생한 것이다. 특히, 재해로부터 10일이 경과한 시점에서 피해점포의 약 80%가 복귀되었지만 충분한 물품이 확보되지 못해 영업시간을 단축할 수 밖에 없는 점포도 있었다.

원인으로 여러가지를 생각할 수 있다. 피해를 본 것은 점포만은 아니었다. 편의점 도시락 및 반찬 등을 만드는 공장, 제조된 상품을 지역 및 점포에 배분하는 물류센터도 피해를 입었다. 해일로 쓸려나간 물류센터가 있는 한편, 물류센터는 남아있고 상품도 무사하지만 배송 차가 쓸려나가 상품을 운반할 수 없는 상태가 된 곳도 있었다. 또한, 편의점 주먹밥에 밥과 김 사이에 넣는 필름과 페트병 뚜껑 등 상품 포장에 필요한 자재공장도 피해를 입어 상품을 완성시킬 수 없는 사태도 발생했다.

피해지역이 광범위했기 때문에 수도권에도 도쿄만 연안부 공장은 액상화현상으로 건물이 기울어져 가동할 수 없게 된 곳도 있었다. 또한, 도쿄전력 관내 계획 정전도 타격을 주었다. 이제까지의 피해대책은 피해지역 공장 및 물류센터를 대체하여 인접지역 공장 및 물류센터가 풀가동하여 상품공급을 보충하는 것이었다. 그러나 전력이 끊어지면 그것도 물거품이 된다.

피해가 컸던 도호쿠 지역뿐만이 아니라 간토지방에서도 점포의 물품부족 상황이 오랜기간 이어졌다. 편의점에서는 도시락 및 반찬 등 유통기간이 짧은 상품을 취급하고 있기 때문에 상품의 신선도를 생각하여 하루 3번으로 나누어 제작 후 바로 상품을 점포로 배송했다. 여타 상품에 대해서도 30평 정도의 좁은 점포 내에 2,800~4,000여 품목의 상품을 갖추고 있기 때문에 점포 재고량을 최소로 억제하고 필요한 때에 필요한 양만큼 보충하는 물류시스템을 구축했다.

필요한 때에 필요한 양만큼이라는 의미에서 "저스트 인 타임", 작은 단위로 나누어 몇 번이나 운반한다는 의미에서 "다빈도 소량"의 물류시스템이라고 불리웠다. 이러한 시스템원리는 자동차산업과 동일하다. 역시 도호쿠지방의 부품 제조공장이 피해를 입어 여타 지역에 있는 자동차 조립라인이 멈추는 문제가 발생했다.

앞으로도 제조 및 물류라인이 멈출 수 있는 대재해가 재발할 수도 있다. 재해에 대비하여 점포에서 재고를 좀 더 늘려야 하는 것 아니냐는 시각의 문제제기도 있었다. 이러한 문제를 생각하기 전에 재해 피해에 의한 "물품부족" 사태에 대해 편의점은 어떻게 대처해 왔는지를 살펴보자.

「물품 부족」에 어떻게 대응했는가

사실 편의점의 근간이라고 할 수 있는 정보시스템도 큰 피해를 입었다. 지진 및 해일로 통신회선 및 관련설비가 파괴되었을 뿐만 아니라 장시간 정전으로 체인 본사와 각 점포의 정보네트워크도 단절되었다. 이제까지의 재해는 하루 정도면 복구되었던 정보시스템이 장기간 그리고 광범위하게 정지되었다. 그러나 점포 영업을 계속하는 것이 급선무이기 때문에 정전 및 통신 네트워크 훼손을 이유로 영업을 정지시킬 수는 없었다. POS레지를 사용할 수는 없으면 배터리로 가동시키는 휴대용 단말기를 사용하였고, 그 전원도 다 사용하면 전구를 사용하여 상품을 판매했다. 저녁이 되어 어두워지면 자동차 헤드라이트로 점포를 비추거나 손전등을 사용하여 영업을 계속하였다.

동일본대지진 때에는 대금은 나중에 지불할 수 있게 하여 고객이 필요한 상품을 가지고 돌아갈 수 있도록 한 편의점 점포도 있었다. 노트에 주소와 이름을 기입한 점포도 있었으며 무료로 상품을 판매한 점포도 있었으나 후일 대부분의 고객이 감사의 말과 함께 대금을 지불하러 왔다고 한다.

문제는 상품의 부족이다. 팔 상품이 있기 때문에 여러 어려움을 극복하고서라도 영업하는 것이지 상품이 없다면 가게를 여는 의미가 없어진다. 피해공장 및 물류센터 복구는 피해점포의 복구 이상으로 시간과 인력을 필요로 하고 원재료 및 포장자재의 조달, 운송수단 및 연료의 확보도 단기간에 해결될 수 있는 문제가 아니다.

이런 상황에서 세븐일레븐은 조달곤란한 원재료를 파악하는 한편, 당장 증산이 가능한 도시락 및 반찬 등의 메뉴에 집중하여 상품을 만들었다. 세븐일레븐에서는 원재료와 포장재료에 대해 상품마다 조달처와 그 종류 및 양을 일원적으로 관리하고 있었기 때문에 공급곤란한 제품 및 원료가 무엇인가를 신속하게 파악할 수 있었다.

점포는 도시락 종류는 적지만 상품이 없는 상황은 피하려 했던 것이다. 또한 피해공장을 대신하여 증산분을 담당한 공장을 근접 지역에서 구하려 했다. 그렇다고 해도 도시락 및 반찬 등 유통기간이 짧은 상품은 먼 지역에서 가지고 올 수는 없다. 그래서 나가노 / 야마나시지구 공장에서 증산한 상품을 피해를 입은 후쿠시마, 북간토와 및 호쿠리쿠, 니가타지구로 보내고 호쿠리쿠 및 니가타지구의 증산량은 피해가 큰 도후쿠지역으로 운송했다. 이 방법이 마치 당구와 유사하여 "당구 물류"라고도 불리웠다.

또한, 피해를 입지 않은 홋카이도에서는 패밀리마트가 아오모리현 지역의 점포로 빵을 공급하거나 미니스톱이 미야기현 및 후쿠시마현 점포에서 세이코마트의 PB 우유를 판매했다. 미니스톱이 경쟁 체인의 PB를 도입한 것은 출점 지역이 겹치지 않은 도호쿠지역에 한정되기는 했지만 편의점 업계의 유연한 대응책으로 주목받았다.

수도권 편의점의 재해 대응

수도권에도 재해는 큰 혼란을 야기했다. 재해 당일은 철도가 모두 불통이 되었고 도로도 정체되었으며, 자택으로 귀가할 수 없거나 도착할 때까지 몇 시간이나 걸리는 등 이른바 "귀가 난민"이 도로에 넘쳐났다. 내각부에 의하면 그 규모는 수도권에만 515만 명에 달했다. 또한, 지자체가 준비한 피난소를 이용한 사람도 도쿄도 내에만 9만 명을 넘었다.

편의점 점포는 선반에서 떨어진 상품이 바닥에 흩어져있거나 그 중에는 병이 깨져 내용물이 쏟아지거나 오뎅 소스로 바닥이 지저분해지는 등의 피해는 있었지만 바로 정리해서 거의 정상 영업할 수 있었다. 주택가 점포는 지진 발생 직후부터 방문객이 증가했다. 평상시 보다 구입하는 양이 많아졌고 ATM에서 돈을 인출하는 고객의 모습이 늘어났다. 오피스거리 편의점에는 회사 등에 머물 것으로 보이는 고객이 식료 및 주류를 사러 나왔다. 간선도로에 접해있는 점포에서는 저녁부터 점차 지나가는 사람들이 늘어 한 때는 러시아워와 같은 혼란을 보이기도 했다. 걸어서 귀가하는 사람들이었다. 당연히 가게에 들러 먹을 음식과 마실 것을 조달했기 때문에 점포 내는 상당히 붐볐다.

지진 발생 다음날에는 정체의 영향으로 납품 시간이 조금 지연되기도 했지만 거의 발주한 대로 상품이 점포에 도착했다. 그러나 지진 발생 후 2일이 되자, 많은 점포가 납품량이 큰 폭으로 줄어드는 것을 실감하였다. 방문 고객의 증가로 구입하는 양이 늘어나자 발주량을 평상시의 1.5배에서 2배 가량 늘렸던 것도 이유 중 하나로 볼 수 있다. 재해의 영향으로 공급량이 저하된 시기에 통상 이상의 발주량이 왔기 때문에 물류시스템도 혼란에 빠졌다.

그러나, 재해 등의 긴급 시에 소비자 수요가 증가하는 것은 예상된 일이다. 이른바 "자기 방어본능"에 가까운 상황으로 이해된다. 막대한 피해가 눈 앞에서 발생하고 여진이 이어지자 앞이 보이지 않는 공포와 불안으로 자기 방어본능이 강해지는 것은 당연하다. 도쿄도의 정수장에서 고농도 방사성물질이 검출되었다는 것이 발표되었을 때에도 생수를 구하는 사람들로 점포 내는 살기가 있을 정도였다. 이후 상당기간 동안 생수는 입하되는 대로 바로 매진되었다. 이 때 수도권에서의 생수 구입량은 1세대 평균으로 평상 시의 2.5배까지 급등했으며, 그 후 1년이 지난 시점에서도 증가한 수준이 이어지고 있다.

상품의 신규 루트 개척

편의점이 도호쿠에서 수도권에 걸쳐 광범위하게 발생한 "물품 부족"에 대해 취한 행동은 크게 두 가지로 분류된다. 하나는 체인 본사의 상품조달 측면으로 기존 루트를 고집하지 않고 바로 신규 루트를 개척했다. 그 루트도 국내에 한정하지 않고 해외로 확대시켰다. 예를 들어 로손은 피해 지역이 파악되면 바로 인기 상품인 「미역 주먹밥」

의 미역 조달처를 이제까지 거래가 없었던 중국으로 변경했다. 국내 미역 생산량의 80%는 피해지역이었기 때문에 국내 조달이 어렵다면 해외밖에 없다고 판단했다. 상품 패키지에서 「국내 미역 사용」이라는 표현은 없어졌지만 상품의 인기는 유지되었다. 세븐일레븐은 생수의 물품 부족 발생 1개월 이내에 대만의 세븐일레븐에서 판매하고 있는 오리지널 음료수를 일본의 점포에 진열했다. 해외조달에서도 그룹의 힘을 활용한 것이다.

이와 같이 각 체인의 대응을 보면 유연한 발상을 기초로 신속하게 대응한 것을 알 수 있다. 공급하는 상품도 인기상품 및 필수품에 집중시킨 점도 효과적이었다. 특정 상품에 집중한 결과, 필요 공급량을 확보한 것으로 이것은 기존에 당연시되던 "다품종 소량" 발상으로부터 전환한 것으로 볼 수 있다.

상품 공급에 대한 대응과 유사하게 피해가 발생한 공장 및 물류센터를 대체하는 시설을 찾아 배송차 및 연료 확보를 위한 새로운 루트도 개척되었다. 이러한 과정에서 공장 및 물류센터는 집약시키는 것 보다 분산시키는 것이 리스크 경감에 효과적이라는 것을 알게 되었다.

정보시스템도 동일하다. 데이터센터가 동시에 피해를 입지 않도록 2곳 이상으로 나누어 관리하는 기업이 늘고 있다. 분산형의 대표적인 예로 인터넷이 있다. 거미줄 모양으로 네트워크가 연결되어 있기 때문에 동일본대지진 시 전화회선은 불통이 된 것과는 대조적으로 인터넷은 사용할 수 있었다.

점포 내 조리와 리스크 분산

또 하나 물품 부족상황을 타개하기 위하여 각 점포는 점포 내 조리 상품 생산량을 평상시 보다 늘렸다. 예를 들어 미니스톱은 점포 내 조리 상품인 「수제 주먹밥」이 수도권 점포에서 고객에게 인기를 끌었다. 수제 주먹밥은 2009년부터 시험적으로 시행된 동 체인의 FF(패스트푸드)로 재해 시에는 수도권 260개 점포에 도입되었다. 미니스톱은 2013년안에 수제 주먹밥의 전 점포 도입을 목표로 하고 있으며 재해 시의 대응에도 효과적이기 때문에 쌀의 점포 재고량을 배증하겠다고 발표했다. 여타 체인 중 계산대에서 튀김 등의 FF 상품을 판매하고 있는 점포에서는 재해 시에 준비량을 늘려 대응한 곳이 많았다고 한다.

점포 내 조리용 FF 재료는 여타 상품에 비해 점포 재고량이 비교적 많기 때문에 납품 지연 상품을 일부 대체할 수 있다. 그 중에서도 가장 인기였던 것은 주먹밥이었다. 도호쿠지역의 상품 부족 상황에 고민했던 점주 부부가 스스로 밥을 짓고 주먹밥을 만들어 나누어주었고, 따뜻한 밥이 그리웠던 고객으로부터 감사의 목소리가 커졌다고 한다.

본래 점포 내 조리 상품판매는 위생관리가 문제이다. 특히 주먹밥은 균이 번식하기 쉽기 때문에 엄격한 관리가 요구된다. 로손은 점포 내 조리용 주먹밥 도입을 추진하고 있다. 이는 재해 시에 주먹밥이 인기가 있었던 점을 염두에 둔 것이기는 하지만 한편으로 재해 시 물류시스템으로부터의 상품 배송이 시스템 혼란, 정체, 연료부족 등의 예측불가 사태로 지연되는 상황에 대응하기 위한 것이다.

시점을 달리하면 점포 재고를 최소한으로 유지하도록 노력해온 편의점이 부분적이긴 하지만 재해 시에 대비해서 재고를 어느 정도 보유하게 되었다고 말할 수 있다. 그러나 전술한 "저스트 인 타임"의 수정이라고는 말할 수 없다. 재고량을 늘리면 평상시 리스크가 높아지기 때문이다. 극단적인 "다빈도 소량"도 비용이 들기 때문에 적정 재고량을 어떻게 정할 것인가의 문제이다.

　동일본대지진을 계기로 편의점이 근본적인 변화를 맞이하게 된다면, 이는 정보 및 물류 등 시스템의 분산화, 유연하고 신속한 조달루트의 개척 등이 주요 분야가 될 것이다.

2. 계기는 한신 / 아와지 대재해

편의점의 재해 협정

많은 편의점 본사는 점포를 출점한 지역 지자체와 「재해 시 귀가 곤란자 지원을 위한 협정」을 맺고 있다. 협정의 주요 내용은 재해 시 귀가 도중에 있는 사람이 들렀을 때, ①화장실을 이용할 수 있게 하거나, ②수도물을 제공하거나, ③지도 및 라디오에 의한 도로정보 등을 제공하는 것이다. 이 세가지 내용은 현재 편의점 각 체인이 가맹되어 있는 프랜차이즈체인협회(JFA)가 가맹 체인과 함께 출점 지역의 지자체와 맺은 협정에 잘 나타나 있다.(도표 5-4).

동일본대지진 때에 자신이 귀가곤란자가 된 후 처음으로 알게 된 독자도 많이 있을 것이다. 동일본대지진 당시 귀가곤란자가 수도권에만 500만 명 이상이 된 것은 예상외의 규모로 받아들여졌다. 이러한 규모 예측은 내각부와 수도권의 지자체가 만든 「수도권 직하 지진 시 귀가곤란자 등 대책협의회」에서 발표한 것으로, 동 협의회는 수도권

도표 5-4 재해시 귀가 곤란자 지원협정 체결 상황 (2012년 4월 시점)

지자체명	체결년도	세븐일레븐	로손	패밀리마트	서클K산크스	미니스톱	데일리야마자키	세이코마트	쓰리에프	포플라	코코스토아	고쿠분그로서리
홋카이도	2008.12	★	★	★	★			★				
아오모리현												
이와테현												
미야기현												
아키타현	2012.1		★	★	★		★					
야카가타현												
후쿠시마현	2011.2	★	★	★	★	★	★			★		
이바라키현												
도치기현												
군마현												
9개 도시		★	★	★	★	★	★		★	★	★	★
사이타마현, 지바현, 도쿄도, 가나가와현, 요코하마시, 가와사키시, 사가미하라시, 지바시, 사이타마시												
니가타현												
후쿠야마현	2011.11	★	★	★	★		★		★			
이시카와현	2010.9	★	★	★	★		★		★			
후쿠이현												
야마나시현	2012.2	★	★	★			★					
나가노현	2008.7	★	★	★	★		★					
기후현	2006.7	★	★	★	★	★	★				★	★
시즈오카현												
아이치현	2005.6	★	★	★	★		★				★	★
간사이 광역			★	★	★	★	★		★	★	★	★
미에현, 시가현, 오사카부, 효고현, 나라현, 와카야마현, 도쿠시마현, 오사카시, 교토시, 고베시, 사카이시												
도토리현	2009.3			★	★					★		
도야마현	2009.3			★	★					★	★	
오카야마현	2007.1	★		★	★		★			★	★	
히로시마현	2006.11	★	★	★	★		★			★	★	
야마구치현												
가가와현	2008.6			★	★	★	★			★		★
에히메현	2011.10			★	★	★	★		★	★		
고치현	2010.1			★	★				★			
후쿠오카현	2006.9	★		★		★	★			★	★	
사가현	2006.11	★		★		★	★			★	★	
나가사키현	2009.11	★		★			★			★		
구마모토현	2010.1	★		★	★					★	★	
오이타현	2007.3	★		★		★	★			★	★	
미야자키현	2010.5	★		★						★		
가고시마현	2010.9	★		★	★					★		
오키나와현	2011.1			★						★		

출처: 일본 프랜차이즈체인 협회 제공자료

재해 시에 있어서 귀가곤란자 지원에 관한 협정」
대상 점포에 붙어 있는 「재해시 귀가 지원
스테이션 스티커」 (각 지자체가 배부)

직하형 지진이 발생할 경우 귀가 곤란자는 650만 명이 될 것으로 추산하였다.

많은 사람이 일제히 귀가하게 되면 각지에서 혼란이 발생하여 오히려 위험해지기 때문에 기본방침에는 「무리하게 이동하지 말고 현 위치에」 머물도록 규정되어 있다. 구체적으로는 직장 및 학교, 수용인원이 많은 시설 및 대형 빌딩 등에 일시 대기하고 가족과 안부를 확인하고 시간차를 두고 귀가하는 것이다. 이를 위해 기업 및 학교에는 종업원 및 학생들이 일정기간 머물 수 있도록 태세를 갖추고 한편으로 수용력이 있는 빌딩 및 시설의 소유자에게는 귀가곤란자의 수용을 타진하기 시작했다.

물론 편의점 점포의 「재해 시 귀가지원 스테이션」의 역할에는 변화가 없었다. 동일본대지진에서는 귀가곤란자가 점포 내에 넘친 점포도 있었지만 시간차로 귀가하게 되면 귀가곤란자에의 대응도 보다 용이하게 될 것이다.

재해협정에서 포괄적 협정으로

편의점 각 체인이 출점지역 지자체와 체결한 협정은 귀가곤란자 지원에 한정되지 않았다. 편의점이 지자체와 체결한 협정에 대한 경위를 살펴보면, 1996년 4월에 패밀리마트가 시즈오카현과 체결한 「재해구조에 필요한 물자 조달에 관한 협정」가 그 시작이었다. 이어서 1998년 3월 로손이 나라현 나라시와 「재해시에 있어서의 물자 조달에 관한 협정」을 체결했다.(도표 5-5)

도표 5-5 대규모 체인의 재해 시 지원에 관한 제휴초기 동향

시기	내용
1996.4	패밀리마트가 시즈오카현과 「재해구조에 필요한 물자의 조달에 관한 협정」 체결 → 2009년 12월에 「지역활성화에 관한 포괄적 연계협정」체결로 재해시 대책사항 포함
1998.3	로손이 나라현 나라시와 「재해시에 있어서 물자의 조달에 관한 협정」을 체결
2003.3	로손이 일본항공(JAL)과 「재해시에 있어서의 물자의 조달에 관한 협정」체결
2003.8	로손이 와카야마현과 「지역협동사업의 실시에 관한 협정」체결 →2004년 2월에 「방재관계의 협동사업에 관한 협정」체결
2003.12	로손이 나가노현과 「재해구조에 필요한 물자의 조달에 관한 협정」체결 →2007년 9월 「포괄적 연계에 관한 협정」체결 →2007년 11월 세븐 일레븐이 나가노현과 「지역활성화 포괄연계협정」체결
2004.3	세븐 일레븐이 와카야마현과 「지역협동사업의 실시에 관한 협정」체결 (협정 내용의 지역공헌의 하나로 재해대책에서의 협력을 내포)
2004.11	로손이 도쿠시마현과 「귀가곤란자 지원에 관한 협정」체결 패밀리마트가 사가현과 「재해시 응급생활물자의 공급 및 귀가곤란자 지원에 관한 협정」체결 → 2005년 2월에 간사이 광역연계협의회와 JFA 가맹 체인이 「재해시 귀가곤란자 지원협정」체결
2005.1	로손이 도쿄소방청과 「대규모 재해 발생 시 및 광역소방응원시 물자조달에 관한 협정」 합의
2005.10	로손이 도쿄소방청과 「대규모 재해발생시 및 광역소방응급시 물자조달에 관한 협정」합의 로손이 일본우체국과 「재해대책에 관한 상호협력협정」체결 → 2002년 12월 우정사업청과 업무 제휴, 2003년 1월에 우체국 포스트 설치 →2008년 2월에 종합적 제휴로 발전(양사의 네트워크 사용)

두 협정 모두 공통적으로 재해 시 물자(식료품 및 일용품 등의 생활필수품)의 조달 및 확보를 목적으로 하고 있다.

또한, 체결 시에는 1995년 발생한 한신 / 아와지 대지진 상황이 참고가 되었을 것이다. 한신 / 아와지 대재해는 아침 일찍 발생했기 때문에 귀가 난민 문제보다는 물자의 조달 및 확보가 현안이었다.

그 후 2003년 8월에 로손이 와카야마현과 「지역협동사업의 실시에 관한 협정」을 체결했다. 이 협정에서 지역협동사업으로 거론된 것은 ①재해대책 또는 치안대책 등 지역에 공헌한다고 인정되는 사업, ② 현 생산품의 활용 촉진에 기여한다고 인정되는 사업, ③기타 현 정부

시책에 기여한다고 인정되는 사업의 3분야였다. 재해 시 대책이 아니라 통상의 치안대책 차원에서 지역 산품의 활용, 현 정부 시책에의 기여(예를 들어 관광 팜플랫 및 광고지 설치)가 포함되었다는 점에서 「포괄적 협정」이라 볼 수 있다.

로손과 와까야마현 사례는 최초의 「포괄적 협정」으로 주목을 받았으며 이 때 지역 목재를 이용하여 목조 점포를 세웠다는 점에서도 화제가 되었다. 다음 해인 2004년 2월 로손은 와까야마현과 「방재협정의 협동사업에 관한 협정」을 체결했다. 협정 내용 중에 물자의 조달과 함께 귀가곤란자 대책이 포함되었다. 동 시기에 패밀리마트는 오사카부 및 오사카시와 「재해 시에 있어서의 귀가곤란자 지원에 관한 협정」을 체결했다. 즉, 편의점 각 체인과 지차제와의 협정에는 크게 나누어 재해시의 「물자의 조달(확보 및 공급)」과 「귀가곤란자 지원」, 지역 산품의 활용 및 지역경제 활성화 등을 포함한 「포괄적 협정」의 3가지가 포함되어 있다. 한신·아와지 대재해를 계기로 향후 재해대책에서의 물자 조달과 확보를 목적으로 협정이 체결되기 시작했으며, 협정 내용이 포괄적으로 작성되는 가운데 편의점의 귀가곤란자 지원 문제도 함께 다루어졌다고 할 수 있다.

포괄적 협정분야의 확대

편의점 각 체인과 지자체가 체결한 3개의 협정 중 「귀가곤란자」에 관한 것은, 2005년 이후 JFA에 가맹한 체인이 공동으로 출점지역 지자체와 맺은 협정이었다. 2005년은 JFA로서 지역의 안전 및 안심에 공헌하기 위한 「세이프티 스테이션 활동(SS활동)」을 본격적으로 시작한 해이기도 하다. 「귀가곤란자」도 SS활동의 하나에 더해져서 JFA 가맹 체인이 함께 협정체결을 하게 되었지만 이로 인해 귀가곤란자는 편의점 체인에 관계없이 일률적으로 동일한 내용의 지원을 받을 수 있게 되었다.

한편, 동일본 재해 시 협정에서도 「물자의 조달 및 공급」에 관한 협정은 각 체인과 각 지자체 간에 개별적으로 체결되었다. 협정 내용은 재해 시에 식료품, 음료수, 일용품 등의 물자를 협정체결 상대인 지자체 요청에 따라 조달 및 공급하는 것이다. 편의점 체인이 평상시 취급하는 상품의 범위 내에서 공급하는 것으로 지자체 요청이 체인에 따라 크게 달라지는 것은 아니다.

그러나 각 체인의 지자체별 점포 전개 방식은 상이하다. 출점 수도 그렇지만 물류센터 등 상품배송의 거점, 편의점 도시락 및 주먹밥 등의 제조공장 규모 등도 다르기 때문에 지자체로부터 일률적으로 물자의 조달요청을 받을 수는 없다. 지자체는 각 체인과 정기적으로 재해 시를 상정한 물자조달 훈련도 실시하고 있다. 또한, 「포괄적 협정」이기 때문에 지역 산품의 활용, 지역 활성화를 위한 시책 등의 분야가 더해진다. 그러나 이것들은 각 체인의 상품 개발 및 집객 수법 등의 경영전략 및 구체적 전술에도 직결되는 부분이기 때문에 경쟁하는 각 체인과 협력하기 어려운 부분도 있다.

「포괄적 협정」 내용도 전술한 것처럼 최초 사례인 로손과 와까야마현과의 협정에서는 세분야 였지만 이후에 체결된 편의점 체인과 지자체간 포괄적 협정에는 분야가 확대되고 세분화되는 경향을 보이고 있다. 이제까지 살펴본 것 중 가장 많은 분야가 포함되어 있는 것은 아이치현과 각 체인이 맺은 「포괄적 협정」이다. 세븐일레븐, 로손, 패밀리마트와는 각 16개 분야, 서클K산크스와는 17개 분야에 달했다.

도표 5-6 아이치현과 각 체인과의 「연계와 협력에 관한 포괄적협정」

	서클K산크스	패밀리마트
체결시기	2009년 5월	2010년 2월
협정 목적	긴밀한 상호연계와 협력에 의한 활동을 추진하고 지역의 니즈에 신속하고 적절하게 대응하여 지역 주민의 안심, 안전의 향상과 지역의 활성화를 추진할 것	긴밀한 상호연계와 협력에 의한 활동을 추진하고 지역의 니즈에 신속하고 적절하게 대응하며 아이치 지역 주민들의 안심, 안전의 향상과 지역의 활성화를 추진할 것
협정내용	1 지산지소에 관한 상품의 판매에 관한 것 2 지역의 농림수산물, 가공품, 공예품의 판매, 활용에 관한 것 3 관광진흥, 관광정보에 관한 것 4 건강증진, 식육에 관한 것 5 저출산 대책, 육아지원에 관한 것 6 고령자 장애자 지원에 관한 것 7 중고년층 장애자의 고용확대에 관한 것 8 청년층의 직업의식 배양에 관한 것 9 산학행정협동연구의 시행에 관한 것 10 청소년의 건전한 육성에 관한 것 11 재해대책에 관한 것 12 지구온난화대책 등 환경보전에 관한 것 13 안전한 동네만들기 및 교통안전에 관한 것 14 스포츠 진흥에 관한 것 15 국제적 이벤트에 관한 것 16 지역경제단체 등에의 가입촉진 및 그 활동의 협력에 관한 것 17 기타 지역주민의 서비스 향상 및 지역사회 활성화에 관한 것	1 지산지소에 관한 상품의 판매에 관한 것 2 지역의 오리지날 상품의 개발, 판매에 관한 것 3 관광진흥, 관광정보에 관한 것 4 건강증진, 식육에 관한 것 5 저출산 대책, 육아지원에 관한 것 6 고령자 장애자 지원에 관한 것 7 창업 및 고용기회의 확대에 관한 것 8 청년층의 직업의식 배양에 관한 것 9 청소년의 건전한 육성에 관한 것 10 지역재해에의 협력에 관한 것 11 환경대책 및 리싸이클에 관한 것 12 방범 및 교통안전에 관한 것 13 스포츠 진흥에 관한 것 14 국제적 이벤트에 관한 것 15 지역경제단체 등에의 가입촉진 및 그 활동의 협력에 관한 것 16 기타 지역주민의 서비스 향상 및 지역사회 활성화에 관한 것
재해시협정	「재해시에 있어서 귀가곤란자 지원에 관한 협정」(2005년 6월) 「재해시에 있어서 긴급생활물자 공급 등에 관한 협정」(2009년 3월)	「재해시에 있어서 귀가곤란자 지원에 관한 협정」(2005년 6월) 「재해시에 있어서 긴급생활물자 공급 등에 관한 협정」(2009년 3월)

협정의 명칭 및 목적은 동일했다. 협정 내용도 문구가 조금 다르긴 하지만 취지는 거의 동일하다. 서클K산크스가 추가한 분야는 「산학행정협동연구 추진에 관한 내용」이었다. 구체적으로는 학교 등과 협

동하여 지역 식자재를 활용한 상품개발을 추진하는 것으로 이미 서클
K산크스에는 현내 고교생과 함께 상품개발을 한 실적이 있다. 또한,
이 포괄적 협정에는 서클K산크스, 패밀리마트와 함께 재해 시 대책도
포함되어 있다. 구체적으로는 먼저 체결한 「귀가곤란자 지원」과 「물
자의 조달 및 공급」에 관한 협정을 확인하는 내용으로 되어 있다.

협정 범위와 실행력

편의점 체인이 지자체와 맺은 「포괄적 협정」은 개별적인 것이지만
내용은 대체적으로는 유사하다. 내용을 정리하면 ①지역산품의 활
용, ②지역정보의 발신, ③지역의 안전/안심, ④아이 및 청소년의 건
전 육성, ⑤고령자 및 장애인 지원, ⑥건강증진 및 식육, ⑦환경대책,
⑧여타 지역경제 활성화에의 공헌을 들고 있는 경우가 많다. 여기에
⑨재해시 대책, ⑩고용의 창출, ⑪육아 지원, ⑫관광진흥, ⑬스포츠
진흥 등의 분야를 포함하는 경우도 확인되고 있다. 이렇게 해서 각 체
인과 지자체가 맺은 「포괄적 협정」분야는 10개 전후가 일반적이다.
재미있는 것은 「포괄적 협정」 가운데에는 재해 시의 대책이 포함되
어 있는 경우도 있고 제외되어 있는 경우도 있다는 점이다. "포괄적"
인 협정이기 때문에 재해 시 대책도 포함되어야 한다고 생각할 수 있
으나 재해 시에는 보통의 접근과는 다른 임기응변이 요구되기 때문에
별도로 협정을 맺는 것이 합리적일 수도 있다.

동일 지자체가 체인에 따라 대응을 달리 한 경우도 있다. 나가노현
이 2007년 9월에 로손과 맺은 「포괄적 협정」에는 재해 시의 대책이

도표 5-7 나가노현과 각 체인과의 포괄적 협정

	로손과의 협정('07년 9월 체결)	세븐 일레븐과의 협정('07년 11월 체결)
협정내용	1 관광, 특산품 등 지역 브랜드 진흥에 관한 것 2 환경보전에 관한 것 3 지산지소, 식육에 관한 것 4 지역의 안전, 안심의 확보에 관한 것 5 아이, 청소년의 육성지원에 관한 것 6 생활문화, 주민서비스 향상에 관한 것 7 기타 지역활성화에 관한 것	1 지산지산 및 현 오리지널산품의 판매캠페인 실시에 관한 것 2 현산의 농림수산물, 가공품, 공예품의 판매, 활용에 관한 것 3 건강증진, 식육에 관한 것 4 고령자자원에 관한 것 5 아이, 청소년의 건전한 육성에 관한 것 6 관광진흥 및 관광정보의 발신에 관한 것 7 환경보전에 관한 것 8 지역 및 생활의 안전, 안심의 확보에 관한 것 9 재해대책에 관한 것 10 기타, 지역활성화, 주민서비스 향상에 관한 것
협정에 기초한 실시 사례	쥬부 9개 현 로손에서의 「신슈 페어」 개최 현 내 141개 점포에서의 「나가노현 오리지널에코백」배포 절은충 취노체험을 잡카페신슈와 협력하여 실시 현의 각종 포스터를 점포에 개재 장애인 시설에 업무의 일부 위탁	현산 식재료를 사용하여 도시락을 판매하는 「신슈도락 페어」실시 동 페어 기간중에 세븐 일레븐 HP상현산 식재료 및 관광정보를 발신 관광명소사진이 들어있는 신슈 오리지널 「nanaco」카드의 한정 도입 편의점 업무의 일부를 장애인 시설에위탁 절은충 및 학생의 취노체험 실시 관광 등 현의 PR활동에 협력
향후 추진방향	1 정기적으로 협의의 장을 갖고 연계사업을 추가 2 지역활성화 등을 목적으로 한 로손 이외의 기업 및 볼란테리 NPO, 지역 커뮤니티 등 다양한 주체와 연대 협력	1 정기적으로 협의의 장을 갖고 연계사업을 확대 2 지역활성화 등을 목적으로 한 로손 이외의 기업 및 볼란 볼란테리 NPO, 지역 커뮤니티 등 다양한 주체와 연대 협력

포함되어 있지 않지만, 그 후 바로 맺은 세븐일레븐과의 「포괄적 협정」에는 재해 시 대책이 포함되어 있다. 지자체에 따라 결정된 패턴을 설정한 경우도 있고 각각에 달리 대응한 경우도 있다. 나가노현과 각 체인과의 「개별적 협약」은 제휴 항목이 로손과는 7개 항목, 세븐일레븐과는 10개 분야로 되어 있지만 구체적으로 실시된 사례를 보면, 각 체인의 전략적 차이를 제외하면 약자의 취로체험, 장애자 시설의 업무 위탁 등 지역사회의 공헌 측면에서는 거의 유사하다.

자신이 살고 있는 지자체가 어떤 편의점 체인과 어떤 협정을 맺고 있는지 확인해 보길바란다. 협정의 유무 및 내용을 조사하고 점포를 방문하게 되면 점포에 진열되어 있는 상품 및 캠페인도 이제까지와는 다른 느낌으로 다가올 것이다.

협정체결의 증가와 지역성

지자체와 편의점 체인과의 협정은 한신·아와지 대재해를 계기로 재해 시「물자의 조달 및 공급」에서 시작되었다. 현재 47개 도도현 모두에 출점하고 있는 로손, 패밀리마트와 각 지자체와의 협정 체결상황을 보면 로손이 45개 도도현, 패밀리마트가 43개 도도현과 물자의 조달과 공급에 관한 협정을 맺고 있다. 게다가 이들 협정의 체결시기는 2011년 이전이다. 즉 동일본대지진이 발생하기 전에 체결된 것이라 할 수 있다.

「포괄적 협정」은 2000년대에 들어와 체결되었다. 2005년 이후는 JFA 가맹 체인이 함께 각 지자체와 재해 시의「귀가곤란자 지원」협정을 맺게 되었다. 그러나 이러한 협정의 계기가 한신·아와지 대재해였다고는 해도 2000년대 전반까지는 간헐적으로 있을 정도였다. 특히,「포괄적 협정」은 2003년 8월에 로손이 와까야마현과 다음해인 2004년 3월에 세븐일레븐이 같이 와까야마현과 체결한 후 잠시 동안은「포괄적 협정」은 체결되지 않았다. 2006년 4월에 로손이 미에현과 「포괄적 협정」을 맺은 것을 계기로 각지의 지자체와 맺기 시작했으나 상당 기간 동안은 로손이 유일한 체인이었다. 여타 편의점 체인을 포함하여「포괄적 협정」이 활성화된 것은 2008년에 들어와서부터다.

또한 이러한 협정을 체인과 맺은 것은 도도현 수준의 지자체에 한정되어 있지는 않다. 기초지자체 중에서 시도 편의점 체인과 협정을 맺고 있으며 그 수는 증가추세에 있다.

세븐일레븐은 가나가와현 내의 5개 시를 비롯하여 전국 9개 시와, 로손은 삿뽀로시 등 3개 시, 서클K산크스는 나고야시와「포괄적 협정」을 맺고 있다. 재해 시의「물자의 조달 및 공급」에 관한 협정은 많은 시가 편의점 체인과 체결했다.

이처럼 지자체와 편의점 체인과의 협정이 증가한 배경에는 편의점 체인이 실질적으로 도움이 되기 때문이다. 그러나 이것이 협정을 체결했기 때문에 안심해도 된다는 것은 의미하지는 않는다. 일단 재해가 발생하면 협정의 유무와 관계없이 체인들은 지원을 아끼지 않을

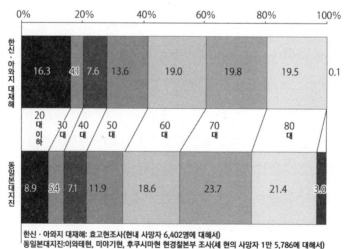

도표 5-8a 재해로 인한 사망자의 세대별 비율

한신·아와지 대재해: 효고현조사(현내 사망자 6,402명에 대해서)
동일본대지진: 이와테현, 미야기현, 후쿠시마현 현경찰본부 조사(세 현의 사망자 1만 5,786명에 대해서)

것이다. 중요한 것은 "예상 밖"을 연발하면서 대응이 늦어지지 않도록 하는 것이다. 같은 지진에 의한 피해도 동일본대지진과 한신 / 아와지 대재해는 크게 다르기 때문이다(도표 5-8).

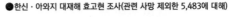

도표 5-8b 재해로 인한 사망의 원인별 비율

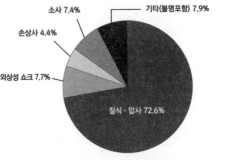

●한신·아와지 대재해 효고현 조사(관련 사망 제외한 5,483에 대해)

소사 7.4%
손상사 4.4%
외상성 쇼크 7.7%
기타(불명포함) 7.9%
질식·압사 72.6%

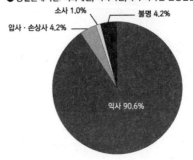

●동일본대지진: 이와테현, 미야기현, 후쿠시마현 현경찰본부 조사

소사 1.0%
압사·손상사 4.2%
불명 4.2%
익사 90.6%

지역에 따라 발생할 수 있는 피해는 완전히 다른 것이라는 전제 하에 각지의 협정이 체결되어 있다. 재해 피해자 중에 고령자가 많다는 문제는 한신 / 아와지 대재해 때도 지적되었다. 이 때 사망자의 약 60%가 60대 이상이었지만 동일본대지진 때는 그 비율이 더욱 높아졌다.

재해에 의한 사망 원인을 보아도 한신 / 아와지때는 질식 및 압사가 70%를 넘었지만 동일본대지진 때는 익사가 90%를 상회하였다. 지역에 따라 상정되는 피해가 다르면 대비책도 달라져야 한다. 편의점에 요구되는 지원은 어디나 동일하지만 피해 예측이 면밀하게 강구되면 편의점 체인의 대비방법도 달라져야 한다.

3. 재해로 인한 변화

「비통」이라는 감정

　동일본대지진 이후 후쿠시마 원전사고로 이전의 라이프 스타일이 송두리째 바뀐 사람이 많을 것이다. 그 중에는 인생관까지도 바뀐 사람들도 있다. 어찌되었든 텔레비전과 인터넷에서 반복되어 보여지는 해일 영상을 보게 되면 한숨만 나올 뿐이다. 볼 때마다 무력감에 빠진다. 이러한 감상은 정확히 10년 전 뉴욕 세계무역센터 빌딩이 여객기 충돌로 맥없이 무너져가는 영상을 보았을 때 느꼈던 감정과 유사하다. 한마디로 세상의 종말을 보는 듯한 감각이다.

　원전사고에 대해 정부도 도쿄전력도 진실을 말하고 있지 않는 것 같은 불신감, 어떻게 될 것인가라는 미래에 대한 불안감으로 가득했다. 지금도 방사능 문제를 생각하면 불안한 것은 마찬가지다. 한편으로 이러한 사고를 초래하기까지 원전을 용인하고 전력의 공급을 당연시해왔던 것에 대한 자책, 원전 리스크에 대해서 명확하지 않았던 정부 및 「원자력 추진세력」에 대한 분노, 그것에 의해 피해를 본 도호쿠 사람들에 대한 죄책감 등 다양한 감정에 사로잡혀 지금도 이러한 감정에서 헤어나지 못한 사람들도 있다. 친한 사람의 죽음을 접했을 때 체험하는 다양한 감정의 기복, 때로는 신체적인 질환을 동반하는 「그리프」와 유사하다. 그리프는 깊은 슬픔이라든지 비탄으로 번역되지만 "상실한 대상에 대한 감정의 총칭"으로 사별에 국한되지 않고 병이나 사고로 신체의 일부를 잃는다든지 자신의 의지와는 상반되게 이직하거나 그때까지의 평온한 생활을 상실했을 때에 흔히 발생한다.

그리프 상황에 빠지면 혼자서 마음 속에 쌓아두지 말고 가까운 사람들에게 이야기하거나 그리프 케어 전문가의 도움을 받는 등 적극적인 회복 노력을 해야 한다. 많은 전문가는 회복까지 거치는 감정의 기복 및 신체의 부조화에 대해 망연자실 → 부정 → 분노 → 죄악감 → 고독감 → 체념 → 수용 → 새로운 희망의 순서를 거친다고 지적하고 있다. 물론 이와 같이 일직선으로 회복하는 사람은 없을 것이다. 그리프 치료 현장에 있는 사람들도 단계를 거치면서 극복해 나가는 것 같은 성질의 것은 아니라고 말한다. 현실에는 분노를 안은 채로 끊임없이 눈물이 쏟아지는 듯한, 회복이라고는 말하기 어려운 정신상태임에도 불구하고 일상적인 생활을 보내려고 노력하는 사람들이 많다.

재해 후 절전대책에서 시작된 에코

대재해 대응에 쫓겨 그때까지 시행해 온 일상적인 지역공헌, 환경대책 등이 소홀해지는 것은 아닌가라고 걱정된다. 특히 지구온난화대책으로 정부는 2020년 CO_2 등 온실가스 배출량을 1990년대비 25%삭 감이라는 야심찬 목표를 내걸었지만 원전이 발전량에서 차지하는 비율을 줄이면 당초 목표를 달성할 수 없다는 시산결과를 발표했다. 즉 원전에 의존하지 않으면 지구온난화 대책이 후퇴할 수 밖에 없다는 것이다. 부족한 만큼 재생가능에너지로의 전환을 추진하면 되겠지만 정부는 그것의 효과가 나오기 전에 석유 등의 화석에너지에 의존하는 비율이 증가한다고 보고 있다.

그러나 우리들의 에너지 사용에 대한 생각은 변하고 있다. 재해 이후 절전 및 절수 등 에너지절약 의식이 높아졌다. 실제로 도호쿠전력과 도쿄전력 관내에서는 재해 직후부터 기업과 가정 모두 절전을 실행하고 있다. 전력중앙연구소에 따르면 가정의 경우, 재해년의 여름철(7~9월) 전력사용량이 평균적으로 전년대비 10% 감소했으며, 가정의 약 30%는 15% 이상이나 줄였다.

편의점도 비슷했다. 동일본대지진 후에 도쿄전력 관내에서 계획정전이 실시되었지만 편의점 각 체인은 그 전부터 피해지를 제외한 지역의 점포에서「자발적 절전」을 시작했다.(도표 5-1) JA가 실시한 설문조사에 의하면 편의점 점포가 절전대책으로 시행한 조치는 많은 순서대로 ①매장 공조온도의 재설정, ②사무실 및 종업원 대기실 비사용시 소등, ③공조 필터 등의 청소, ④매장 조명을 일정비율로 소등, ⑤점포 간판 및 네온사인 소등, ⑥LED 조명으로 교체, ⑦쿨비즈의 도입 등이었다. 이 중 특히 효과적이었던 것은 매장 공조온도의 재설정, 조명 소등 및 LED 조명으로의 교체였다. 재해 발생연도의 여름뿐만 아니라 각 체인 평균 전년대비 20% 전후의 절전이 달성되었다.

편의점 점포의 절전

편의점 각 체인은 재해 이전부터 점포, 도시락 등의 제조공장, 물류
센터, 배송차 등의 CO_2배출량 삭감을 위한 환경대책에 노력해 왔다.
재해 후의 LED화 및 태양광발전 패널 설치 등의 에너지절약대책만
보고 단기간에 시행된 것처럼 생각하는 사람들도 있지만 사실은 그렇
지 않다. 세븐일레븐이 LED 조명을 점포에서 사용하기 시작한 것은
2008년 간판조명에서이며, 점포 내 조명의 LED화는 2009년부터이다.
재해 전에 간판 조명을 LED화한 점포는 3,000개 점포를 상회했으며,
점포 내 조명을 LED화한 것은 약 120개 점포였다.

재해가 발생한 해 여름 세븐일레븐은 절전대책을 위해 약 100억 엔
을 들여 9,000개 점포를 대상으로 구형 설비를 최신 에너지절약형으
로 교체함과 동시에 점포 내 조명의 LED화도 추진하였다. LED 조명
은 간판 및 점포 내 조명만은 아니다. 점포 외에서는 광고대, 점내에
서는 냉장케이스 내 조명에도 사용되고 있다.

세븐일레븐이 설비기기의 교체 및 조명의 LED화에 이어 취한 대책
은 「스마트센서(절전 센서)」의 도입이다. 스마트 센서는 전력사용량을
시간대별로 기록하는 기기로 사용량을 보면서 스위치를 꺼 사용량을
제어한다. 즉, 스마트센서 도입 자체가 자동적으로 에너지절약효과
를 발휘하는 것은 아니다. 세븐일레븐에서는 그 이전부터 냉장 케이
스 및 공조기의 온도설정을 변경한다든지 공조기의 필터를 청소하거

나 해서 실외기의 흡기구 근처에 물건을 두지 않는 등의 조치를 각 점포에 장려해왔다. 이른바 점원에 의한 인적 절전행동이다. 종래부터의 인적 절전행동이 스마트센서와 연결될 때, 더욱 점원의 주의력이 증가하고 절전효과의 배가로 이어졌다. 스마트센서는 점포 내 기기 계통마다 설치할 필요가 있다. 편의점 점포에는 수 많은 기기가 있기 때문에 세븐일레븐에서는 1점포당 8개 정도를 부착하고 있다.

실제로 설비기기의 교체 및 LED화에 의해 세븐일레븐은 전년대비 약 10%의 절전효과를 실현했다. 한편, 스마트센서와 종래형 인적 절전행동의 조합은 전년대비 15%이상의 절감으로 이어졌다. 즉, 전년대비 25%이상의 절전을 달성한 셈이다. 또한 당초 절전목표는 전년대비 15% 감소였지만, 15% 이상이 된 것은 점포 점원들의 의식과 행동에 의해 목표보다 2~3% 많게 삭감할 수 있었기 때문이다.

에코 점포의 증가와 진화

재해 후 절전대책 시행과 관련, 편의점 점포는 에너지 절약형 설비로의 교체 및 LED 조명의 도입 등을 신속하게 진행시켰다. 일부 편의점은 에너지 절약형 설비를 부분적으로 설치한 것에 그치지 않고 에코를 전면적으로 고려한 점포로 진화했다. 예를 들어 지붕에 태양광 발전 패널, 태양광을 설치하기 위한 천장을 설치하고 마루에는 반사율이 높은 세라믹타일을 사용하여 태양광발전에 의해 소비전력을 커버함과 동시에 햇빛이 드는 점심시간에는 소등해도 점포 내가 어두워지지 않도록 하고 있다. 또한, 정문 창문에도 단열 유리를 사용하였다

(도표 5-9).

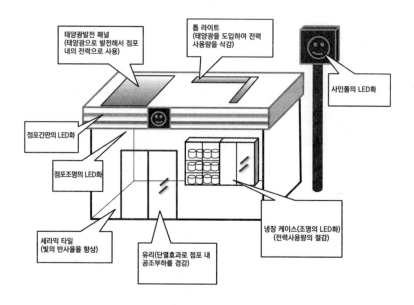

태양광발전 패널
(태양광으로 발전해서 점포
내의 전력으로 사용)

톱 라이트
(태양광을 도입하여 전력
사용량을 삭감)

사인폴의 LED화

점포간판의 LED화

점포조명의 LED화

세라믹 타일
(빛의 반사율을 향상)

유리(단열효과로 점포 내
공조부하를 경감)

냉장 케이스(조명의 LED화)
(전력사용량의 절감)

「환경 배려형」이라고 불리는 점포는 기존 점포에 비해 전력사용량을 20~30% 줄일 수 있는 것으로 알려져 있다. 2011년 말 피해지인 미야기현의 로손이 "차세대형" 환경 배려형 점포를 시작했다. "차세대"라고 한 것은 태양광패널과 축전지를 함께 도입했기 때문이다. 낮시간의 태양광 발전 전력을 축전지에 충전해 두면 평시에는 야간 조명 전력으로, 긴급시에는 점포 영업을 담당하는 전력으로 활용할 수 있기 때문이다. 즉, 절전뿐만 아니라 재해 시 대응도 생각한 조치라 할 수 있다. 그 외에 철근 사용량을 절감하는 프레하브 공법을 통해 공사기간 단축과 동시에 나중에 재사용이 용이하도록 하였다. 또한,

냉동 및 냉장 케이스에 대체 프레온이 아니라 오존층 파괴를 더욱 억제하고 소비전력도 삭감할 수 있는 자연냉매를 활용하였다. 이전에도 프레하브 공법을 채용한 편의점 점포, CO_2 냉매 기기를 도입한 편의점 점포가 있었다. 다만, 우수한 기술 및 설비를 개별적으로 활용하는 것이 아니라 종합적으로 활용했다는 점에서 "차세대형"이라고 말할 수 있다. 또한, 환경대책에서 시작된 에코점포 만들기가 재해 대책과 연결되어 에코에도 재해에도 강한 점포가 된다는 것도 "차세대형"이라는 표현이 붙은 이유 중 하나이다.

가설 점포와 이동판매차

동일본대지진 피해지역에서는 가설 점포 및 이동판매차가 활용되었다. 피해 후 1개월정도 지난 시점에서 이동판매차가 등장했다. 세븐일레븐과 패밀리마트 각 체인이 도입한 것은 통상의 배송차를 개조한 것이었다. 유연성있는 임기응변이다. 영업할 수 없게 된 「피해점포」 주차장에서 임시로 판매하거나 자사 체인의 피해점포를 순회하면서 판매했다. 판매시간이 짧은데다가 상품도 50~100품목 정도로 많지 않았지만 주변에 영업하는 점포가 거의 없었기 때문에 주민들에게 크게 환영받았다.

한편 로손은 간사이 지구 공업단지에 실제로 활용되었던 이동판매차 「모바일 로손호」를 투입했다.(도표 5 -10) 모바일 로손호에는 튀김용 조리설비가 탑재되어 있어 보건소 영업허가가 필요했다. 이로 인해 여타 체인보다 판매개시는 다소 지연되었다. 그러나, 피해지역의 가설 점포 설치는 로손이 여타 체인보다 앞선 4월 중 1호점을 오픈했다. 가설점포는 취급 상품이 1,000품목 이상으로 이동판매차보다 훨씬 많다. 로손 1호점에는 점포 내 조리기능이 없어서 점포 앞에서 모바일 로손호가 튀김류를 제공했다. 필수품을 공급하는 것도 중요하지만 그 장소에서 방금 튀긴 따뜻한 반찬도 피해지 주민에게는 소중한 것이었다.

패밀리마트도 그 후 물건판매용으로 개조한 배송차에 치킨을 튀길 수 있는 시설을 탑재한 경자동차 「패미치킨호」, 발전장치와 POS 레지 및 냉동냉장케이스를 구비한 점원 연수용 버스 「S&QC호」를 더해 3대 1조로 피해점포를 순회하였다. 또한 서클K산크스는 4월 중에 가설이 아닌 정규 편의점 점포를 출점하였다. 도호쿠 자동차 도로인 이찌노세키의 인터체인지 출입구에 위치한 점포로 피해지역 부흥지원을 위해 이동하는 사람들이 이용하였다. 6월에 패밀리마트가 설치한 가설점포에서는 후라이드치킨, 오뎅 등의 따뜻한 상품은 물론 복사기 및 우편함 이외에 렌터카 서비스, DVD 및 책의 무료 대출서비스 등도 제공했다.

가설점포 및 이동판매차 운영을 위해 각 체인은 해일 등으로 점포를 상실한 점주 및 해당 지역 출신 사람들을 채용하였다. 피해지역에 필수품을 공급할 뿐만 아니라 고용의 지속과 창출에도 일정부분 기여했다.

편의점 이동판매차는 원래 고령화와 인구감소가 진행 중인 일본에서 향후 증가가 예상되는 "쇼핑에 불편을 느끼는 사람"의 쇼핑 지원

로손 Happy blog
(2011년 4월 14일자) 로부터

세븐일레븐 보도자료
(2011년 5월 12일자) 로부터

패밀리마트 보도자료
(2011년 9월 8일자) 로부터

세븐은행 공지
(2011년 6월 24일자) 로부터

을 상정해서 개발된 것이다. "쇼핑에 불편을 느끼는 사람"을 매스컴
은 「쇼핑 난민」, 경산성는 「쇼핑 약자」라고 부르고 있다. 여기에서 중
요한 점은 「쇼핑 약자」를 위해서 개발되었던 이동판매차가 재해를
계기로 주목받아 개발이 앞당겨진 것이다.

이미 로손은 동 체인의 긴기지역 지사가 2008년부터 이동판매차를
보유하고 있었다. 그것이 앞서 언급한 「모바일 로손호」로 재해발생
연도의 4월부터 피해지 이와테현에서 활동을 시작했다.

한편, 세븐일레븐은 5월에 동 체인 최초의 이동판매차인 「세븐 안
심 배달」을 시작했다. 다만 먼저 운용을 시작한 기존 이동판매차와는
차별화되었다. 피해지 이동판매차는 평상시에는 배송차로서 사용되
었던 차량으로 2톤 차량이다. 새롭게 개발된 「세븐 안심 배달」은 경
트럭이다. 경트럭은 상품에 따라 상온에서 냉동까지 4가지 온도대에
대응할 수 있으며 취급 상품 수도 약 150품목으로 피해지형보다 많은

상품의 탑재가 가능하다. 이는 어디까지나 재해지 대응이라기 보다 근처에 쇼핑할 곳이 없는 지역에 대한 대응으로 운용 거점도 기존 점포이다. 이는 이제까지 세븐일레븐이 각 점포에 장려했던 「고객과의 직접 대화」, 2012년 7월부터 도입되었던 「세븐 락쿠락쿠 배달」의 연장선에 위치한다고 볼 수 있다. 즉 「세븐 락쿠락쿠 배달」은 각 점포의 인근지역 고객에게 주문한 상품을 배달하는 서비스이지만, 「안심 배달」은 조금 떨어진 지역까지 경트럭이 상품을 싣고 순회한다. 각 순회지에서 고객의 주문을 받아 다음 순회 때에 배달하는 방식이다.

물론, 피해지에서도 점포 점주가 의사를 표시하면 운용거점이 될 수 있었다. 실제로 재해년도 7월 미야기현에 개점한 가설점포가 「안심 배달」을 시작한 사례도 있었다. 피해지역 생활지원을 위한 세븐 은행의 이동형 ATM 서비스차도 주목받았다. 세븐일레븐의 이동판매차와 연동하여 피해지역을 순회했다. 피해주민 입장에서 보면, 필수품을 구입하는 데에도 돈이 필요하기 때문에 ATM 서비스는 요긴한 서비스다. 통상의 이동판매차보다도 안전성을 강화할 필요가 있으며, 방범 기능도 구비되어야 한다.

패밀리마트의 이동판매차

패밀리마트도 재해 전부터 쇼핑이 불편한 지역을 대상으로 이동판매차를 계획하고 있었다. 패밀리마트의 이동판매차는 이동 편의점 「패미마호」라고 한다. 동 체인이 합병한 AM/PM에서 배송차로 사용되었던 것을 개조했으며 3톤 차량이다. 앞서 소개한 로손의 「모바일 로손호」및 세븐일레븐의「안심 배달」의 경트럭보다도 차체가 큰 만큼 취급 상품수도 300품목을 상회하였다.

　내부는 승강 스위치를 2곳에 설치해 차내를 순회하면서 쇼핑할 수 있는 구조이다. 상품에 따라서는 상온(가공식품, 과자, 일용품 등), 정온(주먹밥, 스시, 도시락), 냉장(샐러드, 파스타 등), 냉동(아이스크림, 냉동식품 등)의 4가지 온도대에 대응함과 동시에 따뜻한 음료용 워머도 탑재하여 총 5개 온도대에 대응할 수 있다. 또한, 발전기도 탑재하였기 때문에 1주일 정도는 전원없이 점포기능을 유지할 수 있는 것도 특징이었다.「패미마호」는 재해년 9월부터 미야기현, 10월에는 후쿠시마현, 다음해 2012년 1월에 이와테현의 각 피해지역에 1대씩 투입되었다. 그런데 2012년 6월 후쿠시마현「피난 지시 해체 준비구역」에 투입된「패미마호」는 기존의 3톤에서 2톤으로 변경되었다. 2톤이 보다 좁은 지역 순회에 적합했기 때문이었다. 보통 면허로 운전할 수 있다는 점도 장점이었다. 쇼핑의 쾌적함을 훼손하지 않기 위해 이제까지 5가지 온도대에 대응한 상품을 구비함과 동시에 승강 스위치를 설치하여 차내에서 쇼핑할 수 있도록 했다. 다만 취급 상품 수는 200품목으로 축소되었다.

　패밀리마트는 이동판매차「패미마호」를 향후 연간 100대 목표로 개발을 추진하겠다고 발표했다. 3톤차라든지 2톤차에 국한하지 않고 경트럭 등 다양한 타입을 시야에 넣고 검토한다고 한다. 이동판매차를 투입하는 지역에서 필요로 하는 상품이 다르기 때문에 적합한 판매차의 방식도 달라지는 것이다.

인터넷을 활용한 가설주택의 쇼핑 지원

피해지 가설주택 입주자를 대상으로 인터넷을 사용한 쇼핑 지원도 실시하였다. 이 중 NTT와 대규모 소매업체인 세븐앤아이 홀딩스가 공동으로 실시한 쇼핑지원은 NTT 동일본이 가설주택에 무료로 무선 LAN을 정비하고 태블릿 단말기를 배포하고, 세븐앤아이 홀딩스가 종합 인터넷 통판인「세븐 네트쇼핑」, 이토요카도의 인터넷 슈퍼, 세븐일레븐의 식사 배달서비스「세븐 밀」을 쇼핑 콘텐츠로서 제공하는 것이다. 재해년 7월 하순에 미야기현 내 가설주택에서 시작되어 9월에는 후쿠시마현내 가설주택에서도 도입되었다. 그러나, 사실 그 이전인 2011년 2월부터 NTT동일본과 세븐앤아이 홀딩스가 협력한 유사 서비스가 도시재생기구(UR도시기구)의 집합주택을 대상으로 실시되었다. 이것은 UR도시기구가 중심이 되어 실시된 프로젝트로 UR도시기구가 보유한 비교적 고령화율이 높은 임대주택을 대상으로 NTT동일본이 제공하는 광회선과 태블릿단말기를 활용하여 UR도시기구의 맨션 포털 서비스(단지 및 지역의 이벤트 정보 등)과 함께 세븐앤아이의 쇼핑지원서비스 등을 제공한 것이다.

원래 도내 고령화율이 높은 집합주택을 대상으로 한 것이기 때문에 세븐앤아이가 제공한 서비스는 당초에는 근처 세븐일레븐 점포에서「세븐 밀」및 점포 상품을 배달하는 서비스가 중심이었다. 또한, 가사대행 서비스 회사와 연계하여 택배 클리닝 및 청소 지원 등의 서비스도 제공했다. 서비스 제공 과정에서 고령자 및「쇼핑 약자」에의 대응을 목적으로 개발된 인터넷을 이용한 쇼핑 지원 서비스가 피해지에서 응용되어 주목을 받았다. 총무처에 따르면 일본인의 인터넷 이용률은 80%에 달하고 있고 이 중 13세부터 49세에서는 90%를 상회하는 한편, 60대 전반에서는 70%대, 60대 후반은 60%대, 70대에서는 40%대로 고령이 될수록 낮아지지만 인터넷 이용율은 점차적으로 상승하고 있다.

이런 점을 감안하여 UR도시기구 프로젝트 및 피해지에서의 쇼핑지원에 이용된 단말기는 화면에 표시되어 있는 아이콘을 손으로 터치만 하면 되는 기기가 사용되었다. PC의 마우스와 키보드의 인터페이스에 익숙하지 않은 사람들도 태블릿형 터치패널이라면 간단히 조작할 수 있다. 또한, PC 화면보다 태블릿형이 신문 및 광고지 등의 종이 매체를 읽는다든지 보거나 하는 감각에 가깝다. 휴대전화 단말기에서 NTT도코모의 「락쿠락쿠 폰」이 고령자의 지지를 얻은 것처럼 인터넷 접속단말기로 터치패널식 및 음성입력 등의 인터페이스가 고령자의 지지를 얻는 계기가 되었다.

편의점의 무선 LAN 스팟화

재해년 9월부터 도쿄 23개 구의 세븐일레븐 점포에 NTT동일본이 비상용 전화기 설치를 시작했다. 수도권 직하형 지진 등의 재해 시에도 연결될 수 있는 전화를 도심에 살고 있는 사람들에게 제공하기 위해서이다. 이는 공중전화 수가 줄어들고, 동일본대지진 시 휴대전화 및 메일을 사용할 수 없었던 상황에 대한 대응책이기도 했다. 한편, NTT동일본과 세븐일레븐 점포와의 조합은 전술한 도내 UR도시기구의 집합주택 및 피해지 가설주택에서 실시한 쇼핑지원 서비스와 동일하다.

NTT동일본과 세븐앤아이는 2011년 7월 「지역커뮤니티에 있어서의 『생활 인프라』 구축을 위한 협업」 관련 포괄적 제휴에 합의했다. 제휴 시기는 전술한 UR도시기구와 공동 프로젝트가 시작되었기 때문에 그 후 피해지 가설주택에서의 쇼핑지원 서비스로 이어졌다. 비상용 전화의 설치도 제휴 내용 중 하나이다. 동 시기에 제공하기 시작한 NTT동일본의 무선 LAN 서비스 「플랫츠 스폿」을 재해 시에는 무료로 개방하는 것을 포함해 세븐일레븐 점포를 재해 시의 「정보 스테이션화」한다는 구상이다.

세븐일레븐 점포는 NTT동일본의 「플랫 스폿」을 확장하고 독자적인 무선 LAN 서비스 「세븐 스폿」도 시작했다. 「세븐 스폿」에서는 회원 대상으로 할인 쿠폰 및 선물, 캠페인 등의 정보를 발신하고 있다. 즉 평상시에는 집객을 위한 판촉에 사용된다. 회원이 되면 평상시 사용에 익숙하기 때문에 재해 시에도 세븐일레븐 점포에서 정보를 얻는 것을 생각해 내기 용이할 수 있다.

로손 점포에서도 「LAWSON WiFi」라는 이름으로 공통 포인트 카드 「Ponta」 회원 대상으로 "득템 쿠폰", 영상 및 음악, 전자서적 등 로손 한정 콘텐츠를 송신하고 있다. 재해 시에는 비회원에게도 개방하여 정보를 얻을 수 있도록 하고 있다.

이제까지 무선 LAN서비스는 외출시에도 인터넷 접속이 용이한 환경을 제공하기 위해 지역적으로 역, 공항, 호텔, 카페 등으로 점차 확대되었다. 편의점 점포도 그 스폿에 더해진 것은 스마트폰 보급의 영향도 있겠지만 동일본대지진을 거치면서 재해 시 정보거점으로 중요한 서비스를 제공할 수 있다는 것을 알게 되었기 때문이다.

편의점과 일본인

초판 1쇄 발행일 2019년 2월 14일

지은이 가토 나오미
옮긴이 이음연구소
펴낸이 박영희
편집 윤석전
디자인 원채현
마케팅 김유미
인쇄·제본 AP프린팅
펴낸곳 도서출판 어문학사
　　　서울특별시 도봉구 해등로 357 나너울카운티 1층
　　　대표전화: 02-998-0094 / 편집부1: 02-998-2267, 편집부2: 02-998-2269
　　　홈페이지: www.amhbook.com
　　　트위터: @with_amhbook
　　　페이스북: https://www.facebook.com/amhbook
　　　블로그: 네이버 http://blog.naver.com/amhbook
　　　　　　다음 http://blog.daum.net/amhbook
　　　e-mail: am@amhbook.com
　　　등록: 2004년 7월 26일 제2009-2호

ISBN 978-89-6184-493-2 03320

정가 16,000원

이 도서의 국립중앙도서관 출판예정도서목록(CIP)은 서지정보유통지원시스템 홈페이지(http://seoji.nl.go.kr)
와 국가자료공동목록시스템(http://www.nl.go.kr/kolisnet)에서 이용하실 수 있습니다.
(CIP제어번호: CIP2019002514)